B737

翱翔蓝天 放飞理想

"十三五"规划民航特色专业统编教材

民用航空法律法规基础

MINYONG HANGKONG FALÜ FAGUI JICHU

主编 辜英智 刘存绪 魏春霖

四川大学出版社

责任编辑:何　静
责任校对:周　颖
封面设计:墨创文化
责任印制:王　炜

图书在版编目(CIP)数据

民用航空法律法规基础 / 辜英智，刘存绪，魏春霖主编. —成都：四川大学出版社，2017.8
“十三五”规划民航特色专业统编教材
ISBN 978-7-5690-1105-0

Ⅰ.①民… Ⅱ.①辜… ②刘… ③魏… Ⅲ.①民用航空-航空法-中国-高等学校-教材 Ⅳ.①D922.296

中国版本图书馆 CIP 数据核字（2017）第 208839 号

书名　**民用航空法律法规基础**

主　　编　辜英智　刘存绪　魏春霖
出　　版　四川大学出版社
地　　址　成都市一环路南一段 24 号 (610065)
发　　行　四川大学出版社
书　　号　ISBN 978-7-5690-1105-0
印　　刷　郫县犀浦印刷厂
成品尺寸　185 mm×260 mm
印　　张　15
字　　数　245 千字
版　　次　2017 年 8 月第 1 版
印　　次　2019 年 7 月第 3 次印刷
定　　价　38.00 元

◆读者邮购本书,请与本社发行科联系。
电话:(028)85408408/(028)85401670/(028)85408023　邮政编码:610065
◆本社图书如有印装质量问题,请寄回出版社调换。
◆网址:http://press.scu.edu.cn

“十三五”规划民航特色专业统编教材
编写指导委员会

主　　编： 辜英智　刘存绪　魏春霖

编　　委： 李筱泸　顾建庄　杨　军　刘志惠
罗娅兰　李清霞　冷　静　胡启潮
马秀英　黄孟颖　王俊雷　李　目
魏　薇　王　平　吴　易　石文娟
魏　庆　黄怡川　陈　刚　何珊珊
张　闪　罗致远　李宛融　王志鸿
李潇潇

前 言

2017年2月，中国民用航空局、国家发展和改革委员会、交通运输部联合发布了《中国民用航空发展第十三个五年规划》，明确了“十三五”时期民航发展的五大任务，包括确保航空持续安全，构建国家综合机场体系，全面提升航空服务能力，努力提升空管保障服务水平，以改革创新推动转型发展等。随着中国民航业的高速发展，民航服务人才需求量增大，民航服务专业就业前景广阔。为培养具有较高专业应用水平，综合素质优秀，熟练掌握民航服务理论和基本技能，符合民航业发展需要的复合型、技能型、应用型的高级航空服务专业人才，在大力发展高等职业教育的同时，各级部门和高等院校重视发挥教师的积极性与创造性，鼓励和支持教师编写具有高职教育特色和民航服务特色的教材。

四川东星航空教育集团从2007年创建伊始，就致力于为中国民航培养高素质的航空服务类专门人才。集团旗下的成都东星航空旅游专修学院汇集了一大批热爱民航的专兼职教师，聘请了行业专家指导办学。2011年，学院组织校内教师及校外专家学者，编写了“十二五”规划航空服务专业共计14门课程的统编教材，由四川大学出版社正式出版发行。这套教材在使用过程中，得到了广大师生与同业专家的一致好评。但是，伴随着我国民航业突飞猛进的发展，“十三五”规划对我国民用航空发展提出了新理念、新要求，人民群众对航空安全便捷出行方式有了新期盼，原有教材已不能满足新时代对航空人才培养的需求。

2016年，四川东星航空教育集团成立了“十三五”规划民航特色专业统编教材编委会，启动了对“十二五”规划航空服务专业统编教材的全面修订工作。按照“理论联系实际，图文并茂，与时俱进，科学发展”的思路，经过近一年多的辛勤工作，这套“十三五”规划民航特色专业统编教材即将付梓，由四川大学出版社正式出版。本系列教材包括《民航服务概论》《民航服务礼仪》《民航实用英语》《民航服务心理学》《民航安全检查基础》《民航物流基础概论》等16种，参与编纂的人员有李筱沪、顾建庄、杨军、刘志惠、罗娅兰、李清霞、冷静、胡启潮、马秀英、黄孟颖、王俊雷、李目、魏薇、王平、吴易、石文娟、魏庆、黄怡川、陈刚、何珊珊、张闪、罗致远、李宛融、王志鸿、李潇潇等。辜英智、刘存绪、魏春霖对全书进行了审读、统稿并定稿。

在本系列教材的编写过程中，四川大学出版社的编辑提出了许多宝贵的意见，航空业界的学者与同行专家提供了有益的思路，相关学者的文章和专著提供了实用的信息，在此一并致以诚挚的谢意。相对于我国高速发展的民航服务业，本书还难以概其全貌，疏漏不妥之处在所难免，恳请读者批评指正。

编写组

2017年8月

目 录

第一章 民航法导论

自 20 世纪初，人类开始进入航空时代，飞机制造和飞行活动在第一次世界大战和第二次世界大战中得到迅速发展。第二次世界大战后，民用航空业进入了蓬勃发展时期。民用航空活动的发展需要相关的规范和标准来约束，因此，航空法应运而生。

本章内容涉及民航法的概念及其调整对象，民航法的特征、渊源，以及民航法的发展历史和现代民航法体系。

第一节 民航法概述

一、民航法的概念

民用航空法简称民航法或者航空法，是调整民用航空活动所产生的社会关系的法律规范。不同学者对航空法的定义不一样，例如，法国学者认为："航空法是一套关于飞机、空中航行、航空商业运输，以及由国际国内空中航行引起的，公法或私法的全部法律关系的国内国际规则。"① 阿根廷学者文斯卡拉达认为："航空法是一套支配由航空活动引起的或经其修改的制度与法律关系的公法与私法，国际与国内的原则与规范。"② 荷

① 赵维田：《国际航空法》，北京：社会科学文献出版社 2000 年版，第 1 页。

② ［阿根廷］文斯卡拉达，转引自杨惠：《航空法律问题研究》，天津教育出版社 2005 年版，第 1 页。

兰著名法学家迪德里克斯·弗斯霍尔认为："航空法是调整空气空间的利用并使航空活动、公众和世界各国从中受益的一整套规则。"① 中国学者吴建端认为："航空法是关于航空器、商业空运以及国内和国际空中航行所产生的一切公法和私法关系的一组国内和国际规则。"②

关于航空法的定义，我们从广义和狭义两个角度进行研究。广义的航空法指所有调整与民用航空活动有关的法律和规范的总和，包括全部国际航空公约和各国颁布的以航空法命名的航空法法典，其他关于民用航空的法律规范、政府的行政法规、民航主管部门发布的民用航空规章，以及关于航空的立法、司法解释等。狭义的航空法仅指专以航空法命名的航空法法典，如《中华人民共和国民用航空法》《美国联邦航空法》《日本国航空法》等。

民用航空活动具有天然的国际性，因此我们研究航空法的视角是基于广义的定义的。

二、民航法的调整对象

民航法主要调整民用航空活动中所产生的各种社会关系。凡与航空器、航空器的正常状态、航空器的操作、航空器所有权及其正常转移、机场、信标、商业航空运输及其国际通航、可能造成的损害责任、保险等有关的问题，都在民航法的调整范围之内，受民航法的约束。概括起来，主要有以下几个方面：

第一，纵向关系。指民航主管机构与民航经营部门之间或上下级主管机构之间的领导与被领导的关系。

第二，横向关系。指平等主体之间的关系，即民航企业之间的相互关系以及民航企业与消费者之间的关系。

第三，民用航空与非民用航空的协调关系。民航法不仅要调整民用航空活动产生的社会关系，而且要调整与民用航空相关的其他活动，协调它们之间的关系。

---

① ［荷兰］迪德里克斯·弗斯霍尔，转引自刘承权：《陆空运输法概要》，台北：三民书局1978年版，第56页。

② 吴建端：《航空法学》，中国民航出版社2005年版，第8页。

第四，具有涉外因素的关系。民航法是一种涉外性很强的法律，民航法调整具有涉外因素的社会关系，如国家民航主管机构对外国民航公司在中国境内投资经营所形成的关系、国内民航公司与外国民航公司之间的关系，以及国内消费者和国外消费者乘坐国际航班和国内航班所形成的各种关系等。

三、民航法的特征

（一）国际性

民用航空活动的国际性决定了民航法具有国际性。民航法的国际性主要体现在以下几个方面：

（1）国际航空活动对统一的航空技术标准的需求，要求民航具有国际性，并制定统一的航空法律规范。在航空活动中，尤其是在国际航空活动中，如果没有统一的技术标准，空中航行和航空业的发展将难以得到保障。只有建立一套统一的法律规范，民用航空活动的技术标准才能统一。《国际民用航空公约》第三十七条规定："缔约各国承允在关于航空器、人员、航路及各种辅助服务的规章、标准、程序及工作组织方面进行合作，凡采用统一办法而能便利、改进空中航行的事项，尽力求得可行的最高程度的一致。"

（2）各国国内民航法是一种涉外性很强的法律，国内航空法与国际航空法有着十分密切的关系。一般而言，国内航空法应尽可能地采用国际航空法律规范和国际上的通行做法，否则不利于国际航空交往，也将阻碍本国民用航空事业的发展。同时，国内航空法的许多法律规范往往直接来源于国际航空法。另一方面，从历史根源上讲，在航空法中，外交公约先于国内法，因为航空运输产生后就发展成了国际运输。

（二）综合性

民航法的综合性是指调整民用航空及其相关领域中产生的社会关系的法律手段纵横交错，法律调整的方式多样化，囊括公法、私法的范畴，综合在一起构成了民航法。国际航空活动首先要解决诸如领空、主权、国籍、国家间关系等属于国际公法范畴的问题。这些问题的解决方式与办法主要体现在以 1944 年芝加哥《国际民用航空公约》为主的"芝加哥体系"

的相关公约和以 1963 年东京《关于在航空器内犯罪和其他某些行为的公约》为代表的一系列制止航空犯罪的国际公约中。同时，国际民用航空法还包括规范涉及财产权利、合同、保险以及侵权行为等国际私法方面的内容，主要体现在以 1929 年华沙《统一国际航空运输某些规则的公约》为代表的“华沙体制”的相关公约中。

（三）独立性

民航法是指民航法自成一类，能成为一个独立的法律部门或法律学科。从民航法产生和发展的历史以及现状来看，民航法的独立性是相对的，既是对国际法一般理论、原则、规则和方法的延伸和运用，同时又根据航空活动的实践，逐步演化成具有行业特色，适应行业发展的原则、制度与方法。从历史上看，航空法深受海商法和海洋法的影响，所规定的一些原则主要来源于海商法和海洋法，如 1929 年华沙《统一国际航空运输某些规则的公约》关于推定责任、责任限制、免责事由等规定都是模仿了海商法中的 1924 年“海牙规则”。但是，海商法的一些原则并不完全适合于民航法。特别是随着航空技术的迅速进步和航空法理论研究的进一步深入，民航法早已摆脱了海商法的模式。如 1919 年巴黎《空中航行管理公约》曾采用过“无害通过”制度，但 1944 年芝加哥《国际民用航空公约》则抛弃了这种制度，而代之以“航权”。

（四）平时法

民航法是平时法，是指民航法仅调整和平时期民用航空活动及其相关领域所产生的社会关系，如遇到战争或国家处于紧急状态，民用航空要受战时法令或紧急状态下的非常法的约束。国际民航的宪章性文件 1944 年芝加哥《国际民用航空公约》第八十九条规定：“如遇战争，本公约的规定不妨碍受战争影响的任一缔约国的行动自由，无论其为交战国或中立国。如遇任何缔约国宣布其处于紧急状态，并将此事通知理事会，上述原则同样适用。”民航法的平时法的特点，就是要求在和平时期，所有航空活动都必须遵守统一的空中规则，以维持空中交通的正常秩序，保障飞行安全；但在国防需要的紧急情况下，军用航空器有优先通过权，以保障军用航空保卫国家领空不受侵犯的需要；在战时或在国家宣布处于紧急状态的时候，它并不妨碍受战争影响的交战国和中立国的行动自由，交战国和中立国可以不受约束地采取一切必要的行动。

四、民航法的渊源

民航法的渊源是指民航法的组成和具体的表现形式。

（一）国际条约

国际条约是国家及其他国际法主体间所缔结的以国际法为准并确定其相互关系中的权利和义务的一种国际书面协议，也是国际法主体间相互交往的一种最普遍的法律形式。国际条约主要包括多边国际公约（议定书）和双边协定两种形式。目前，国际上主要有三个公约序列：一是以 1944 年芝加哥《国际民用航空公约》为主的公法体系；二是以 1929 年华沙《统一国际航空运输某些规则的公约》为主的私法体系；三是以 1963 年东京《关于在航空器内犯罪和其他某些行为的公约》为主的刑法体系。

（二）国际法的一般原则和国际习惯法

虽然国际条约是国际航空法最重要的渊源，但并不排斥将国际惯例作为国际民航法的渊源，当没有国际条约规定的时候，国际惯例就成了适用的规则。国际惯例有一个形成的过程，一旦被国际社会所承认和接受，便成了国际习惯法规则，具有普遍的约束力。民航法作为国际法的一个组成部分或门类，要受国际法一般原则和国际习惯法的制约，这是不言而喻的。国际公约的条款中除了已按航空特点引入民航法以外，如关于领空主权、国籍、管辖权等方面的规定，联合国宪章以及国际法中有关条约法的规则，对民航法同样适用。例如，条约的缔结、批准、生效、加入、修改、退出、解释等规则，以及修约的继承等问题，都具有约束作用。

（三）国内法

国内法是一个国家民用航空活动安全有序进行的重要保障。许多国家都颁布了专门的民用航空法，如《中华人民共和国民用航空法》是中华人民共和国成立以来第一部关于民用航空的专项法律。该法的颁布实施，为民航活动的开展提供了规则和制度，标志着我国民用航空法制建设进入了一个崭新的历史时期。除此之外，国务院还颁布了大量的行政法规，如《民用机场管理条例》，对依法管理我国民用航空活动具有重要意义，是民航法的重要组成部分；民航局颁布的部门规章和其他规范性文件，为保障我国民用航空事业的安全发展，提供了法律保障。

（四）其他

在民航法的形成和发展过程中，还有其他一些直接或间接的渊源。如国际组织的立法或准立法文件，是民航法的另一种渊源。最显著的是国际民航组织（ICAO）和国际航空运输协会（IATA）的立法或准立法活动。有些区域性国际组织如欧洲民航会议（ECAC）在国际立法中也起过重要作用，经由它主持制定的区域性多边条约、决议、条例，都对国际航空法的发展做出过有益贡献。国际合同性协议有些也是航空法的渊源，如1966年《蒙特利尔协议》，它是以美国民航委员会为一方，以世界各国航空公司为另一方的民间协议。此外，法律解释和私法判决，也是民航法的主要表现形式，特别是在判例法系的国家，私法判决的案例对民航活动有着深远的影响。

第二节　国际民航法的发展历史及现代航空法体系

一、民航法的萌芽时期

1783年11月21日，蒙哥尔菲埃气球首次载人飞行获得成功，这象征着人类开始征服空气空间，被载入了航空发展史册。次年，即1784年，在巴黎便发布了治安法令，规定未经警察当局批准，禁止气球升空，这一法令被誉为世界上第一部航空法。

1889年，法国政府邀请欧洲19个国家在巴黎召开了第一次讨论航空法的国际会议，但由于各国在航空法的一些基本问题上意见分歧较大，这次会议及其以后的几次会议均未产生任何成果。

1902年，在国际法学会的布鲁塞尔年会上，法国著名法学家福希尔提出了人类第一部航空法典的建议草案——《浮空器的法律制度》。

1903年，美国的莱特兄弟在北卡罗来纳州的基蒂·霍克海滩试验成功一种机动的重于空气的飞行器械——现代飞机的雏形。三年后，在欧洲，布莱里奥驾驶第一架飞机飞越英吉利海峡，震惊了世界。

1910 年，欧洲 19 国又在巴黎开会讨论国际航空立法问题，但因对空气空间的法律地位，即航空自由还是领空主权的问题不能取得一致意见，未有成果。

总之，在第一次世界大战以前，人类的航空活动基本上处于试验阶段。热气球、飞船和简易飞机的各种性能还不稳定和成熟，除可执行若干军事使命外，还谈不上作为运输工具运载旅客、货物和邮件。这个时期，各国尤其是英法两国虽在国内做了一些初步的立法工作，但还谈不上形成成套规则。

二、民航法的活跃时期

1914—1918 年的第一次世界大战时期，航空技术被广泛应用于战争。以英国为例，战争刚爆发时的 1914 年只有 12 架军用飞机，到战争结束时的 1918 年已拥有 22000 架飞机。各国都从航空技术的进步中认识到，飞机作为一种新型运输工具，具有无限的发展前途。战争刺激了航空技术和航空制造业的发展，为战后和平时期大力发展民用航空准备了物质条件。

早在 1916 年，未参与大战的美洲大陆各国在国际航空法的基本原则方面就取得了突破性进展。该年在智利首都圣地亚哥举行的泛美航空会议上通过了一套原则，即：空气空间被宣布为国家财产；各国对其领土之上的空气空间拥有主权；飞机必须具有国籍，涂有本国标记，但在美洲各国之间，各美洲国家的飞机可自由航行；等等。这些都为战后欧洲乃至世界的国际航空立法准备了条件。

1919 年 10 月 13 日，《空中航行管理公约》在巴黎诞生，通称 1919 年《巴黎公约》。《巴黎公约》共 9 章 43 条，有 8 个附件，并根据公约的规定，成立了常设管理机构——国际空中航行委员会。在战后的巴黎和会上，顺利地制定了第一个国际航空法典——《航空管理公约》。《航空管理公约》第一条规定，各国对其领土之上的空气空间具有完全的和排他的主权。这一规定为国际航空法奠定了基石。由于处于早期立法阶段，公约引入了海洋法中的一些规则，其中最明显的是第二条，即“无害通过权”，其他还有适航证、驾驶人员合格证乃至飞机的国籍原则。这些规则经过后来的实践检验，有些并不适合航空的性质，如“无害通过权”；有些则逐渐被改造，以适应航空活动的实际。但是，这并不妨碍1919年《巴黎公约》在航空法发展史上的重要地位，它所确定的基本内容今天依然适用。

1919年《巴黎公约》在航空法发展史上具有极其重要的意义。其意义在于，它是国际航空法的第一个多边国际公约，确立了领空主权原则，为空中航行的法律制度的建立奠定了坚实的基础。它被誉为“航空法的出生证”，标志着航空法的正式形成，表明了“航空法是20世纪的产物”。

1919年《巴黎公约》本应是世界性的公约，但由于该公约有歧视性的条款和政治上的原因，直到1922年7月11日才开始生效。到1939年第二次世界大战前，只有32个国家批准或加入。而在这一期间，1926年11月1日，以西班牙和葡萄牙为首，集合20个欧洲和美洲国家，在马德里签订了《伊比利亚—美洲空中航行公约》（通称1926年《马德里公约》）；1928年2月20日，以美国为首，在哈瓦那签订了《泛美商业航空国际公约》（简称1928年《哈瓦那公约》）。因此，1919年《巴黎公约》预期的要成为世界性的国际条约的目标未能完全实现。

尽管存在三个公约，但后两个公约关于空中航行的规定，基本上是与《巴黎公约》一致的，因此，1919年《巴黎公约》在很大程度上促进了空中航行法律制度的统一。此外，按该公约第三十四条的规定设立了国际空中航行委员会（ICAN），作为常设性国际机构。它是今天国际民航组织（ICAO）的前身。

随着国际航空运输的发展，在私法方面产生的法律冲突逐渐增多，因而开展了统一私法的国际活动。1925年10月27日，在法国政府的倡导下，在巴黎召开了第一届国际航空私法会议，为统一国际航空运输的责任制度提出了一个公约草案，并成立了国际航空法律专家技术委员会。此后，经国际航空法律专家技术委员会的努力，先后制定了1929年《华沙公约》、1933年《罗马公约》、1938年《布鲁塞尔保险议定书》及1933年《航空器预防性扣留公约》等法律文件。这些文件的全称，一般都被冠以“统一某些规则”的字样，可见这些文件的制定者的用意。这些努力的确在统一国际航空私法上做出了一定的贡献。在这一时期，随着国际航空法的形成和发展，一些国家的国内航空法也在逐步完善。

从以上情况不难看出，第一次世界大战后，随着民用航空发展前景逐渐明朗，出现了国际航空立法的第一次高潮。这个时期形成的国际文件为后来的国际航空发展奠定了良好的基础。

三、民航法的成熟和完善时期

第二次世界大战把航空科学与技术推向一个更高的阶段。民航法也得到了迅速发展与完善，形成了现代国际航空法体系。

（一）芝加哥体系的形成

芝加哥会议在 1944 年召开，此时战争虽未结束，但已胜利在望。为规划战后必然会大发展的国际民用航空事业，美国总统罗斯福出面邀请同盟国和中立国出席芝加哥“国际民用航空会议”。这是航空法发展史上规模空前而影响最为深远的盛会，除德、意、日等“轴心国”没有资格派代表出席，苏联因不满某些中立国而没有派代表出席外，实际与会的共 52 国。

这次会议的主要成就是制定了被称作国际民航宪章的《国际民用航空公约》（通称 1944 年《芝加哥公约》）。根据该公约第八十条的规定，该公约取代了 1919 年《巴黎公约》和 1928 年《哈瓦那公约》，并废止一切与该公约相抵触的协议。因此，1944 年《芝加哥公约》是现行国际航空法的宪章性文件。该公约签订于 1944 年 12 月 7 日，为了纪念这一天，这一天被定为“世界民航日”。该公约于 1947 年 4 月 4 日生效，迄今已有 150 多个国家批准或加入，我国已于 1974 年加入。

按照芝加哥会议的临时协议，在 1944 年《芝加哥公约》生效前先设立临时国际民用航空组织（PICAO），即 1947 年正式成立的国际民航组织（ICAO）的前身。该正式的国际民航组织于 1947 年 5 月 13 日成为联合国的一个专门机构。

1944 年 12 月 7 日，在缔结芝加哥公约的同时，部分国家缔结了《国际航班过境协定》和《国际航空运输协定》，即“两种自由协定”和“五种自由协定”，共同构成了芝加哥体系。

（二）华沙体制的完善

1929 年《华沙公约》是针对国际航空运输中对旅客的赔偿而制定的，

属私法范畴的体系。第二次世界大战以后，随着航空活动的实践，又制定了 1955 年《海牙议定书》、1961 年《瓜达拉哈拉公约》、1966 年《蒙特利尔协议》、1971 年《危地马拉城议定书》、1975 年的四个蒙特利尔议定书和 1999 年《蒙特利尔公约》。

从 1953 年起，为了适应国际航空运输的迅猛发展和解决对承运人赔偿限额问题上存在的较大分歧，在国际民航组织法律委员会的议事日程中，对 1929 年《华沙公约》的修订一直占有重要位置。

(1) 1955 年《海牙议定书》。这是战后对 1929 年《华沙公约》的第一个修订文件。该议定书在使华沙责任体制更加完善方面做出了巨大贡献；但是，它只把《华沙公约》的责任限额 125000 普安卡雷法郎（约合 8300 美元）提高了一倍，对此美国很不满意。

(2) 1966 年《蒙特利尔协议》。针对 1955 年《海牙议定书》在美国国内展开的大辩论中，主张退出《华沙公约》的一派占据了优势，《华沙公约》形成的全世界统一责任规则的体制面临分裂的危险。美国是当时的航空大国，国际客运航班中美国旅客占近半数，这一严酷事实迫使各国再次做出让步，从而产生了 1966 年《蒙特利尔协议》，将进出、经停美国的国际客运航班的赔偿限额提高到了 75000 美元。

(3) 1971 年《危地马拉城议定书》。为了满足美国的要求，1971 年《危地马拉城议定书》，将进出、经停美国的国际客运班机的责任限额再度提高到 10 万美元，但这个数字仍未能使美国参议院满意，故一再拖延，不予批准。随着 20 世纪 70 年代的国际金融危机，美元大幅度贬值，动摇了战后以美元作为国际货币标准单位的地位，国际货币基金组织被迫改用特别提款权。为使《华沙公约》体制的责任限额获得相对稳定的地位，1975 年在国际民航组织的主持下又签订了四个蒙特利尔议定书，但至今仍未生效。

(4) 1999 年《蒙特利尔公约》。1999 年《蒙特利尔公约》又称《统一国际航空运输某些规则的公约》，它在重申 1929 年《华沙公约》历史地位的基础上，统一了国际航运中的赔偿标准和原则，是现行国际民用航空私法的基础性文件。

（三）航空刑法的形成

20世纪60年代，随着航空活动的快速发展，各种危害航空安全的犯罪行为层出不穷，对于航空器内发生的犯罪行为由谁来管辖及适用何国的法律都是迫切需要解决的问题，航空刑法体系应运而生。

1. 1963年《东京公约》的制定

从1956年起，国际民航组织法律委员会经过八年艰苦讨论，三易其稿，才于1963年在东京制定了《关于在航空器内犯罪和其他某些行为的公约》（通称1963年《东京公约》）。该公约在国际法上第一次认可了航空器登记国的刑事管辖权。但是，各国对这个公约相当不满意，致使1963年《东京公约》迟迟达不到12国批准的数目，不能生效。

2. 1970年《海牙公约》和1971年《蒙特利尔公约》

20世纪60年代末和70年代初，国际恐怖主义恶浪冲击着国际航空，接连发生的劫持飞机事件震惊了世界各国。在联合国数次专门干预和国际舆论的强烈谴责下，1970年在海牙订立了《关于制止非法劫持航空器的公约》（通称1970年《海牙公约》），1971年在蒙特利尔订立了《关于制止危害民航安全的非法行为的公约》（通称1971年《蒙特利尔公约》）。这两个公约除对犯罪的定义不同外，其他规则基本相同。这两个公约不仅为航空刑法制定了一套相当完备的规则，而且是对传统国际刑法若干禁域的突破，形成了“或引渡或起诉”的独特体制，推动了国际航空刑法的发展。

3. 2010年《北京公约》和2010年《北京议定书》

2010年8月30日—9月10日在北京召开了为期12天的国际民航组织国际保安公约外交大会。会议最终通过了《制止与国际民用航空有关的非法行为的公约》（通称2010年《北京公约》）和《制止非法劫持航空器公约的补充议定书》（通称2010年《北京议定书》）。这也是民航史上第一个以中国城市命名的航空法。这两项文件从实体法和程序法方面加强和完善了现有国际航空保安公约体系，加大了打击恐怖行为的力度，增进了国际反恐合作，为国际民航安全健康发展提供了法律保障。

第三节 我国的民航立法及现代民航法体系

一、我国民航法制建设历程

随着民用航空的发展，必须制定与一定经济基础相适应的航空法律。北洋政府1919年筹办航空事宜时曾拟定航空条例草案，到1921年成立航空署后，先后公布《京沪航空线京济运输暂行规则》《京济间载客暂行章程》《飞机乘客应守规则》《招商代收及接送客货暂行办法》等航空管理规则。当时的中国政府没有加入1919年巴黎《空中航行管理公约》。

在民国时期，1935年1月19日颁布了《外国民用飞机进入国境暂行办法》。1941年1月18日颁布了《空中交通规则》和《航空无线电台设施规则》。1941年5月30日颁布了《民用航空法》，但由于不符合当时中国实际情况，出于国防政策考虑，即被废止。1947年1月20日成立交通部民用航空局，陆续颁布了《民用航空驾驶员检定给照暂行规则》《民用航空人员体格标准暂行规则》《空中交通暂行规则》《民用航空器登记暂行规则》《民用航空器标志暂行规则》《空中交通管制员检定给照暂行规则》《航空器灯光及目视信号规则》《民用航空器适航证书请领规则》等。在国际航空法方面，当时的中国政府派代表参加并签署了1929年《华沙公约》，但未予以批准。1944年派代表参加了“国际民用航空会议”，签署了1944年芝加哥《国际民用航空公约》，并于1946年2月20日送交了批准书。此外，当时的中国政府还签署了1948年日内瓦《关于国际承认航空器权利的公约》，但未予以批准。

1949年10月1日中华人民共和国成立，中华人民共和国中央人民政府成为中国唯一合法政府。1950年11月1日，中央人民政府人民革命军事委员会颁布《中华人民共和国飞行基本规则》，民用航空局公布《外国民用航空器飞行管理规则》；1951年4月24日，中央财政经济委员会颁布《旅客意外伤害强制保险条例》；1951年5月24日，政务院公布《进出口飞机、机员、旅客、行李检查暂行通则》。这是中华人民共和国成立后早期颁行的航空法规。此后，民航局根据航行、维修、商务等业务工作的需要，制定了有关的条例、规定、规则、细则、条令、办法、规程、手册等规范性文件，加强了中国民航的规章制度建设，对中国民航的发展起到了积极的作用。但是，限于当时的历史条件，中国民航并未完全走上法制道路。

中国的法制建设走上正轨，是在1978年的中国共产党十一届三中全会之后。邓小平同志明确指出："我们国家缺少执法和守法的传统，从党的十一届三中全会以后，我们就开始抓法制，没有法制不行。"1979年4月4日，政府决定制定中国航空法。中国民用航空总局成立了航空法领导小组和起草小组，中国民航步入了法制轨道。1979—1995年的16年间，除研究起草和反复修改航空法草案之外，还起草、修订和发布了关于民用航空的行政法规11部、民用航空规章近100个以及大量的规范性文件。中国民航法制建设成绩显著。

1995年10月30日，第八届全国人民代表大会常务委员会第十六次会议通过了《中华人民共和国民用航空法》，中国民航法制建设步入了崭新的阶段。

二、我国的民航立法

中华人民共和国的航空法典就是《中华人民共和国民用航空法》。该法于1995年10月30日经第八届全国人民代表大会常务委员会第十六次会议通过，由时任国家主席签署第56号主席令予以公布，自1996年3月1日起施行。《中华人民共和国民用航空法》是宣告国家领空主权，规范民用航空的行政管理和民商关系，规定行政处罚和刑事处罚的重要法律，涉及面相当广泛，内容极其丰富。这是中华人民共和国颁布的第一部全面规范民用航空活动的法律，是我国民用航空事业发展史上一个重要的里程碑。

1. 立法宗旨

为了维护国家的领空主权和民用航空权利，保障民用航空活动安全有序地进行，保护民用航空活动当事人各方的合法权益，促进民用航空事业的发展，制定本法。

2. 立法原则

民用航空活动涉及的法律关系十分复杂，又具有天然的国际性，应尽可能采用国际通行做法，因而起草《中华人民共和国民用航空法》（以下简称《民用航空法》）时遵循了下列原则：

（1）适应社会主义市场经济体制需要的原则。借鉴国际航空立法的经验，坚持纵向的行政管理法律规范与横向的民商法律规范并重，对民商法律关系做了较多规定，以便有效地保护参与民用航空活动有关各方当事人的合法权益。

（2）适应改革开放实际需要原则。坚持改革、开放、搞活是中国共产党“一个中心、两个基本点”基本路线的重要组成部分。根据民用航空活动具有天然的国际性这一特点，从中国的实际出发，尽可能地采用国际航空法律规范，以使中国的民用航空法律制度与国际通行的规则接轨。

（3）确保民用航空活动安全有序进行的原则。航空运输工具速度快、风险大、技术要求高，因而《民用航空法》强化了安全管理规范，将安全管理置于民用航空行政管理的首位。

（4）与国家其他法律相互衔接、协调、配套的原则。《民用航空法》是一部规范民用航空活动的重要法律，原则上协调了民用航空与军用航空的关系，是中国航空法律体系（子系统）的核心部分，又是整个国家社会主义法律体系（母系统）的组成部分；《民用航空法》对有些事项只做了原则规定，而明确授权国务院和中央军事委员会做出具体规定，并授权国务院民用航空主管部门根据法律和国务院的决定，在本部门的权限内，发布有关民用航空活动的规定、决定，从而使我国航空法律体系形成法律、行政法规和规章三个层次，组成相互衔接、协调配套的统一的有机整体。

3. 立法意义

《中华人民共和国民用航空法》是中华人民共和国第一部全面规范民用航空活动的法律，是我国民航发展历史上重要的里程碑。实施《民用航空法》，推行“依法治理民航”战略，大力加强民航法制建设，促进了我国民航事业在新时期的持续、快速、健康发展。

三、我国的现代民航法体系

经过实践与探索，我国已初步形成了由 1 部法律（《中华人民共和国民用航空法》）、27 个行政法规和行政法规性文件以及 120 多部现行有效规章组成的多层次的现代民航法规的体系框架。

第一层次：法律。法律由全国人大及其常委会制定通过，由国家主席签署主席令发布。《中华人民共和国民用航空法》是国内民航的最高法，它规定了我国民用航空基本的法律制度，是制定其他民航法规、规章的基本依据。

《中华人民共和国民用航空法》分为总则、民用航空器国籍、民用航空器权利、民用航空器适航管理、航空人员、民用机场、空中航行、公共航空运输企业、公共航空运输、通用航空、搜寻救援和事故调查、对地面第三人损害的赔偿责任、外国民用航空器的特别规定、涉外关系的法律适用、法律责任、附则等 16 章，共 214 条。

第二层次：行政法规。行政法规或法规性文件是由国务院根据宪法和法律制定或批准的规范民航活动的规定，由总理以国务院令发布或授权中国民航局发布。现行有效的民航行政法规和法规性文件共有 27 个，如《民用航空器适航管理条例》《民用机场管理条例》《中华人民共和国民用航空安全保卫条例》《中华人民共和国飞行基本规则》等。

第三层次：民航规章。民航规章由民航主管部门根据法律和国务院的行政法规、决定、命令，在本部门的权限范围内制定发布。现行有效的民航规章有 120 多部，涉及民航活动的方方面面，是民航主管部门实施行业管理的重要依据。现行规章及规章性文件分类目录：

（1）行政规则。包括《中国民用航空总局职能部门规范性文件制定程序规定》（CCAR－12LR－R1）和《民用航空飞行标准委任代表和委任单位代表管理规定》（CCAR－183）。

（2）民用航空器管理规则。如《运输类飞机适航标准》（CCAR－25－R3）。

（3）航空人员管理规则。如《民用航空器驾驶员、飞行教员和地面教员合格审定规则》（CCAR－61）、《民用航空飞行签派员执照管理规则》

(CCAR－65)、《民用航空器维修人员执照管理规则》(CCAR－66)、《中国民用航空人员医学标准和体检合格证管理规则》(CCAR－67) 等。

(4) 空中交通管理。如《中国民用航空空中交通管理规则》(CCAR－93TM－R3)。

(5) 一般运行规则。如《一般运行和飞行规则》(CCAR－91)、《航空器机场运行最低标准的制定与实施规定》(CCAR－97FS)。

(6) 运行合格审定。如《大型飞机公共航空运输承运人运行合格审定规则》(CCAR－121)、《中国民用航空危险品运输管理规定》(CCAR－276)。

(7) 学校及经审定合格的其他部门。如《民用航空器维修培训机构合格审定规定》(CCAR－147)。

(8) 机场管理。如《民用机场运行安全管理规定》(CCAR－140)。

(9) 经济与市场管理。如《中国民用航空国内航线经营许可规定》(CCAR－289TR－R1)。

(10) 航空安全信息与事故调查。如《民用航空安全信息管理规定》(CCAR－396)、《民用航空器事故和飞行事故征候调查规定》(CCAR－395－R1)。

(11) 航空安全保卫。如《公共航空旅客运输飞行中安全保卫规则》(CCAR－332)。

(12) 其他规则。如《中国民用航空总局规章制定程序规定》(CCAR－11LR－R2)、《中国民用航空总局职能部门规范性文件制定程序规定》(CCAR－12LR－R1)、《中国民用航空监察员规定》(CCAR－18R2)。

经过多年的努力，民航已经基本形成了比较完整的法律框架，法制建设取得了很大成效。相对而言，在安全管理方面的法制建设进展比较快，门类也比较齐全；但在市场运行、市场监管等方面却严重滞后，有的还是空白。民航企业与总局已经脱钩，加强市场监管必须有法可依，要尽快弥补这方面的缺陷。根据国家大政方针和民航发展的实际情况，参照世界贸易组织规则，抓紧《民用航空法》的修改工作。对现有的政策法规，要按照“立、改、废”的原则，尽快起草制定目前还没有的法规规章，特别是市场运行、市场监管方面的法规规章；逐步取消不符合市场经济要求和世贸组织原则的政策法规，符合的经修改整理后，按规定进入审议程序，转换成行业法规规章，使市场运行和竞争做到有法可依、有章可循，适应中国加入世贸组织后民航发展的需要。要加强执法工作，依法执法，严格执法，用法律保证安全，规范市场秩序。

【思考题】

1. 简述民航法的特征。
2. 简述民航法的渊源。
3. 简述国际民航法的体系。
4. 简述我国民航法的体系。

第二章　空中航行法律制度

【导入案例】

大韩航空 KE007 号航班遭击落事件

1983 年 8 月 31 日傍晚，大韩航空公司 KE007 号航班波音 747－200B 型客机，执行纽约—汉城定期航班任务。由于航程太远，中途必须在美国阿拉斯加州的安克雷奇国际机场停留加油并更换机组人员。当晚 10 点 55 分，以机长千炳寅为首的 29 名机组人员各就各位。持有机票的 240 名旅客全部登上了飞机，他们来自 16 个国家和地区，其中有 85 名韩国人，42 名居住在中国台湾和香港地区的中国人，27 名日本人，21 名美国人（其中包括国会议员劳伦斯·麦克唐纳），14 名英国人，10 名加拿大人，8 名菲律宾人，还有 33 名其他国籍的人。晚上 11 点整，KE007 号航班从安克雷奇国际机场起飞。这架波音 747 客机像往常那样沿着 R20 航线实施远距离飞行，中间飞经日本，预计次日早晨到达汉城。R20 航线是安克雷奇经东京到汉城的 5 条北太平洋航线中最靠东北的一条，也是最经济和使用最多的一条，每年约有 12000 架飞机飞这条航线。KE007 号航班的 29 名机组人员全是韩国人，他们对这条航线都很熟悉。不过，由于这条航线与苏联边界平行，离苏联领空大约只有 15 海里，所以驾驶员必须十分谨慎，以免误入苏联领空，招致麻烦。

KE007 号航班从安克雷奇国际机场起飞两小时以后，不知出于什么原因开始偏离航道。到 9 月 1 日凌晨 3 点，客机已经偏离航道 500 公里，进入了苏联萨哈林岛（库页岛）上空。该地区是苏联海空军基地，该基地装备有洲际核导弹，是苏军的绝密重地。据说苏联防空部队曾两次试图拦截该飞机，但对方没有反应。悲剧就这样发生了。同日凌晨 3 点 26 分，苏军歼击机向 KE007 号航班连发两枚“纳布”式寻热导弹。这种时速相当于音速 5 倍、重达 125 磅的自动寻热导弹，一下子就摧毁了 KE007 号航班的发动机。4 分钟以后，KE007 号航班在 9000 米高空爆炸，机上 269 个生命就这样伴随着熊熊火光消失在茫茫夜空。

这是国际民航史上空前的惨剧。消息传开，立即在全世界掀起了轩然大波，从美国首都华盛顿到韩国首都汉城，成千上万的人上街游行，要求对事件的制造者苏联采取果断行动。各国接连发表声明，纷纷进行谴责，提出最强烈的抗议。韩国当局发表声明，指责苏联击落其客机是“一种不可原谅的和非常野蛮的行径”，是“世界航空史上从未发生过的最惨烈的悲剧”，要求苏联就此事件向韩国正式道歉，并给予赔偿和惩罚有关人员。美国总统里根中断休假，提前回到华盛顿，强烈谴责苏联“极其残忍地进行空中大屠杀”；美国国务卿舒尔茨在事件发生的当天上午举行记者招待会，称苏联的行动“骇人听闻”，美国将对这一事件“做出强烈反应”。日本首相中曾根愤怒指责苏联“干下了绝乎想象的野蛮行为”。加拿大对外关系国务部部长同日对记者说，苏联的行动是“完全不可理解和不能接受的”。法国对外关系部当天发表公报称，法国政府对这一事件表示最强烈的愤慨。联邦德国政府发言人说，他们对这一不可理解的野蛮行为感到“极大震惊”。瑞典首相帕尔梅说，苏联击落韩国客机的行动“应该受到严厉谴责”，这一事件“使已经紧张的国际局势进一步加剧了”。其他许多国家也同声谴责文明社会里这一“极不文明的暴行”。

9 月 2 日至 12 日，联合国安理会召开会议讨论了这一事件，美、日等国提交了一个决议案，该决议案重申“国际法规则禁止威胁国际民用航空的暴力行为”，要求苏联“必须进行公正的调查”，承认“受害者应得到赔偿的权利”，并申明“如此对国际民用航空器使用武力，是与支配国际行为的规范和人道主义的基本考虑不相容的”。这个决议案尽管得到多数票赞成，但最终由于苏联使用否决权而未能通过。苏联坚持认为，KE007 号航班侵犯了苏联的领空，带有明显的间谍企图，是受美国联邦调查局指使，企图试探苏联的空防设施。苏联的行动是保护领土主权的行为，不应承担国际责任。

案例思考：

1. 从空域的管理怎么看待这次空难？
2. 如何评价苏联的行为？
3. 从法律的角度怎样避免类似事件的发生？

本章内容涉及空中航行有关的法律制度，主要包括：空气空间的法律地位，领空主权原则；航空自由（权利）的概念和空域管理的一般法律制度。

第一节　空气空间的法律地位

一、空气空间的概念

地球表面之上是无限高的空间。随着科学技术的发展，空间逐渐为人们所认识。现在人们一般把空间分为空气空间和外层空间两个区域。空气空间（air space）是指地球表面为大气层笼罩的空间（不包括外层空间），也被称为“空域”，是航空器运行的场所。空气空间从横向上可以划分为两个部分：一部分是各国领土之上的空气空间，即国家领空；另一部分是国家领空之外的空气空间，也称为公空。

空气空间（横向划分）领空：各国领土之上的空气空间。

公空：领土以外的陆地和水域（如公海、南极）之上的空气空间。

二、空气空间的法律地位

（一）《巴黎公约》签订之前的各种理论

1. 空气空间完全自由论（绝对自由论）

这种理论以比利时法学家尼斯为代表，认为空气和海洋一样是人类的共同财富，因而是可以完全自由航行的。这种理论将地球任意地区上空的空气空间都一致对待，否认了空气空间不同区域的划分，同时也否认了国家对空气空间的任何主权和专属性权利。接受这种理论的人不多。

2. 空气空间有条件自由论（有限的空间自由论）

该观点的代表人物是法国的著名法学家福希尔。福希尔的观点实际上是将格劳秀斯的“海洋自由论”搬到空气空间上。这种理论承认国家的自保权，也要求尊重国际社会的权利，但不承认国家有完全的主权。这种理论认为空气空间原则上是自由开放的，但各国可以对其领土上空享有自保权，可以出于自保的目的对其领土上空的活动加以干预，如国家出于安全、公共秩序、税收等原因，可以采取必要的国防措施或行使警察权。

3. 空气空间海洋比拟论

这种理论将空气空间与海洋相类比，是将早于国际空间法而存在的国际海洋法中有关确定各种海域法律地位的理论搬到空气空间，认为空气空间应当像海洋一样分为领空、毗连区空域和公空几个层次，其法律地位也应与领海、毗连区和公海相同。但是，对于公空与领空在高度上的分界线又有不同主张。

4. 空气空间国家主权论（领空主权论）

这种理论主张国家对其领土上空空域享有主权，从而使领土上空空域与国家领陆、领水一样，成为领土不可分割的组成部分。这种理论源自罗马法中的一句法律格言：“谁拥有土地，谁就拥有该土地的上空。”

5. 空气空间国际共管论

这种理论主张应对全部空气空间实行国际共管，以方便空中航行。

（二）《巴黎公约》签订之后的理论

第一次世界大战结束后，1919 年在巴黎和会上缔结了第一个国际航空法典——《空中航行管理公约》。该公约第一条规定：“缔约各国承认，每一个国家对其领土之上的空气空间具有完全的和排他的主权。”由此可见，领空主权是每一个国家都享有的，不仅对缔约国有约束力，而且对所有国家都有约束力。从此，领空主权就由国际条约确定下来，领空主权原则成为航空法的基础。1944 年《芝加哥公约》又重申了《巴黎公约》确立的领空主权原则，从而确立了领空主权完全受国家主权支配，并使其成为国际法的基本准则。

三、领空的边界

（一）平面边界

我们通常把地球的表面划分为这几块：首先是一个国家的领陆，然后是国家的领海，再次是专属经济区，最后是不属于任何国家的领土和公海（如图 2-1 所示），另外还存在用于国际航行的海峡。

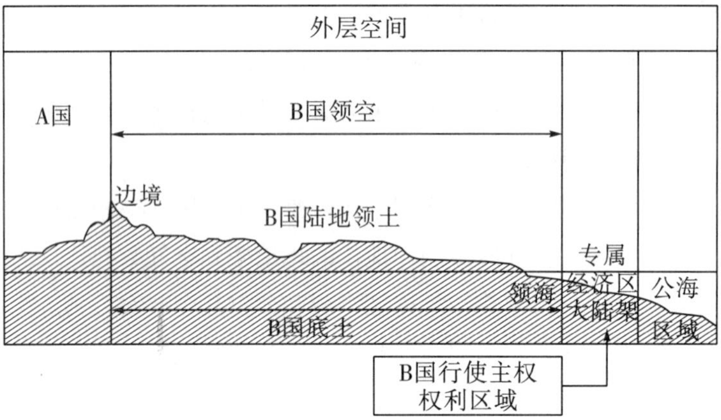

图 2-1　国家领土范围示意图

国家领土包括陆地及与之相邻的领海，其边界当然以地面界线决定，国际公约也确认了这一普遍认可的规则。然而，领海的宽度未能在国际上形成统一的规则。当前绝大部分国家坚持 12 海里领海或窄一些的领海。对于领海，有一条习惯国际法规则，即外国船舶有“无害通过权”；但在领海上空的空气空间则没有这条规则，国家对其实行的是“完全的”和“排他的”主权。在实践中，有一些国家以单方行为拓展领海边界，如南美洲及非洲的一些国家确立了 200 海里的领海，并形成了对拓展水域的实际控制，其上的领空也随之受到控制。

专属经济区以及不属于任何国家的领土和公海上空的空气空间，是各国领空以外的空气空间，这个空间不属于任何国家管辖范围，所有国家都有自由航行的权利。但是，这种自由航行要遵守国际航空法，并且受海洋法或者其他国际法律制度的限制。

（二）垂直边界

空气空间是航空器的运行场所——外层空间，亦称“太空”“宇宙空间”，是航天器的活动领域。垂直边界即空气空间的上限或外层空间的下限。国家对其领土上空享有主权，但这上空有多高？是不是包括空气空间和外层空间呢？这些问题过去是没有人过问的。1919 年《巴黎公约》只承认每一国家对其领土上空空域具有完全的、排他的主权，并未对其垂直范围或高度作出规定。1944 年《芝加哥公约》也没有对此问题作出规定。关于空气空间的纵向划分，在理论上表现为两种主张：功能论和空间论。

1. 功能论

功能论认为整个空间是一个整体，没有划分空气空间和外空的必要，应以飞行器的功能来确定各自所适用的不同的法律制度。如果飞行器按航天器登记，其活动即为航天活动，应适用外层空间法；如果飞行器按航空器登记，其活动即为航空活动，应适用航空法。

2. 空间论

空间论主张以空间的某种高度划分空气空间与外层空间。对于高度的标准，有几种较有代表性的主张：

（1）以靠空气为依托的航空器向上飞行的最高限度为空气空间最高界，一般离地（水）面约 30～40 公里。

（2）以不同的空气构成为依据确定界限，因而产生以 50 公里、90 公里、200～300 公里、500～1000 公里甚至几千公里高度为界的主张。

（3）以地球离心力开始取代空气成为飞行动力的地方为空气空间最高界，即离地面约 83 公里。此标准由物理学家冯·卡曼计算得出，也称为卡曼管辖线。

（4）以不靠空气为依托的人造地球卫星运行轨道的最低近地点为外层空间的最低界，离地面约 100～110 公里。

（5）以赤道国家上空的地球静止轨道为界。1976 年 12 月 3 日，赤道国家巴西、哥伦比亚、刚果、厄瓜多尔、印度尼西亚、肯尼亚、乌干达和扎伊尔等通过了《波哥大宣言》，主张位于其领土之上的地球静止轨道（离地面 35871 公里）分别属于各自国家的主权范围。

在上述各种主张中，以不靠空气为依托的人造地球卫星运行轨道的最低近地点作为边线的主张最受重视。空中委员会 1976 年提交联合国外空委员会的一份报告中称，目前人造卫星轨道距地面最低高度为 130 公里，椭圆形轨道的最低点为100公里，所以建议离地面100公里高度外为外空最低界限。国际法协会在1978年的一份决议中称，海拔100公里以上空间已日益被各国接受为外层空间。但是，这项标准尚未成为公认的标准，更未能被认为是一项习惯国际法规则。因此，对空气空间和外层空间的明确划界问题，至今尚未得到妥善解决。

第二节　领空主权原则

1944年芝加哥《国际民用航空公约》是国际民用航空的宪章性文件。该公约承认了领空主权原则，即每一国家对其领土之上的空气空间享有完全的和排他的主权。这一规定明确宣告了领空主权原则，强调领空主权是每一国家都享有的，无论是对缔约国还是非缔约国，都具有普遍的法律约束力，而且每一国家享有的领空主权是完全的和排他的。因此，每一国家对其领空享有充分的主权权利。这种权利包含了国家对领空资源的排他的占有、使用、处分权和对领空及其内的人、物、事的管辖权，主要体现在下列四个方面。

一、国家对其领空享有所有权

这种所有权表现为国家占有、使用、收益和支配本国领空的权利。国家的领空只能由本国占有、授权使用和收益，表现在双边航空运输协定中，国家有权决定给予其他国家某些空中航行的权利。任何国家在没有经过允许的情况下都不得占有、使用他国的领空。根据所有权的性质，国家对其领空享有完全的和排他的主权，任何人、任何机构都没有权利处分国家的领空资源。根据国家领空主权原则，国家对其领土上的空气空间拥有支配权。国家可以通过国内立法对领空实施支配权。国家可以规定公民有自由通行的权利，而至于与外国通航则需要签订航空协定或通过批准，给予运营权。

二、国家对其领空享有管理权

每一个国家都有权自行决定制定必要的航空法律和规章，并加以强制执行，以维护正常的空中航行秩序，保障空中交通安全，保护公众的合法权益，不受任何外国干涉。任何外国航空器在一国领土上空飞行或在该国领土内运转，都必须遵守当地关于航空器飞行和运转的现行法律和规章；航空器所载乘客、机组或货物进入或离开一国领土，都必须遵守该国关于入境、放行、移民、护照、海关及检疫等的规章和制度。我国《民用航空法》第三条规定："国务院民用航空主管部门对全国民用航空活动实施统一监督管理；根据法律和国务院的决定，在本部门的权限内，发布有关民用航空活动的规定、决定。国务院民用航空主管部门设立的地区民用航空管理机构依照国务院民用航空主管部门的授权，监督管理各该地区的民用航空活动。"鉴于航空法具有国际性的特点，各国在制定本国法律和规章时，应当尽可能地与国际技术标准和国际法律规范取得一致，并将这些法律和规章适用于所有缔约国，不得实施歧视性的差别待遇。

三、国家对其领空享有管辖权

管辖权是国家主权最直接的体现。领空是一国领土不可分割的组成部分，国家可以依照属地原则对本国和外国航空器上的犯罪、侵权或其他犯罪行为行使管辖权和适用本国法律。当然国家行使管辖权时未必是排他的，因为领空管辖权的行使也受国家所缔结或者所参加的国际条约的限制，有时在管辖权重叠的情形下允许存在并行管辖权。

四、国家对其领空享有自保权

各国具有对其领土上空完全的和排他的主权，这种权利的排他性，决定了一国领空不受侵犯。外国航空器，未经特别协定或许可，不得在地面国领空飞行和降落。为了维护国家领空主权和安全，国家对于非法入境的外国航空器可以采取适当的措施，如警告、拦截、迫降、驱逐等。因此，领空主权最重要的法律后果是：航空器未经允许不得飞入外国空气空间。

第三节 航空自由（权利）

第二次世界大战期间，随着航空事业的进步和飞越洲际与海洋间的航空运输的发展，在国际民航飞机的过境与降落权的自由等方面引发了许多新的问题。国际航空，就地面国立场而言，允许外国飞机飞越其领空是对其领空主权的一种限制；但就飞机所属国立场而言，是其向外国取得一种“特许”（concession）或是一种“特权”（privilege），亦即本国飞机在外国领空享有的一种“自由”。在经营定期国际民航运输过程中，如在世界其他地区没有可供自由起落的机场，自然要求设有机场的国家给予其飞机降落权；而且各国均欲保护其本国的定期民航业务，即使是距离甚远的两个国家之间，对于空中客货运输权的分配，也会产生很多问题，并且随着国际民航运输的发展，这方面的现实问题越来越多地暴露出来，迫切需要统一的航空法规来解决。为此，1944 年 11 月，在芝加哥国际民航会议上，为解决商业性的民航客货运输权等问题，与会国缔结了《国际民用航空公约》《国际航班过境协定》《国际航空运输协定》等几项具有国际法性质的协定。

在《国际民用航空公约》重申领空主权原则的条件下，“航空自由”的主张基本未被采纳。而根据《国际航班过境协定》和《国际航空运输协定》，所谓五种“航空自由”（Freedoms of the Air），其实是一种“自由权”或“特权”，是通过双边政府协议或多边政府协议来体现的航空运输业务的准入权。具体来讲，就是指某特定航空公司根据本国政府与外国政府签订的航空运输协定，在协议航线上经营国际航空运输业务，在该外国所取得的飞越、经停或在该外国上下旅客、货物和邮件的权利。

一、五种航空自由（权利）

第一种自由（权利）是指某国或地区的航空公司不降落而飞越他国或地区领土的权利，也被称为领空飞越权。例如，北京—巴黎，途经俄罗斯；北京—东京，途经朝鲜。这样中国就要与所有途经的国家分别签署第一航权。

第二种自由（权利）是指某国或地区的航空公司在飞往另一国或地区途中，为非运营理由而降落其他国家或地区的权利。例如，降停是为了维修、加油等，但绝对不可以上下旅客、货物和邮件，从事各种营运活动，也被称为技术经停权。例如，上海—安克雷奇—芝加哥，由东航承运，由于飞机机型的原因，不能直接飞抵，中间需要在安克雷奇加油，但不允许在安克雷奇上下旅客、货物和邮件。

第三种自由（权利）是指某国或地区的航空公司自其登记国载运旅客、货物和邮件至另一国或地区的权利，也被称为目的地下客权。例如，北京—东京，日本允许中国民航承运的旅客、货物和邮件在东京进港。又如，上海—首尔，韩国允许中国民航承运的旅客、货物和邮件在首尔进港。

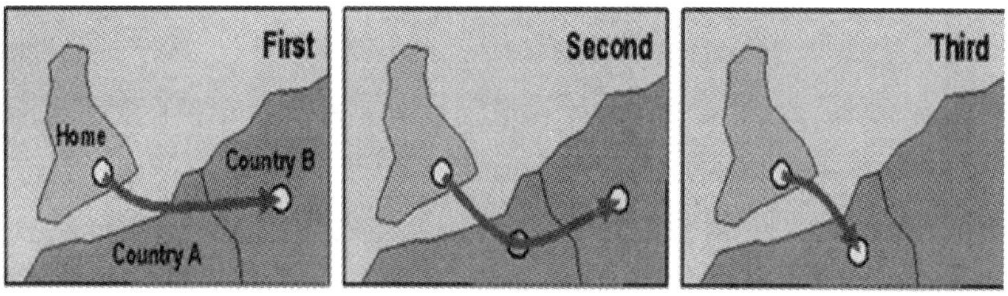

图 2-2　第一、二、三种航空自由（权利）

第四种自由（权利）是指某国或地区的航空公司自另一国或地区载运客货返回其登记国或地区的权利，也被称为目的地上客权。例如，韩国允许执行上海—首尔航班的中国民航班机在首尔装载客货出境；否则，该班机只能空载返回。

第五种自由（权利）是指某国或地区的航空公司在其登记国或地区以外的两国或地区间载运客货，但其班机的起点与终点必须为其登记国或地区，也被称为至第三国运输权，或中间点权或以远权。例如，北京—维也纳—苏黎世，中国政府在和瑞士政府谈判航空运输运营权利问题时，就要谈到至第三国运输权以及第三、四种自由问题；在和奥地利政府谈判时，谈的则是授权国至以远点运输的航空运营权利。如果希望在维也纳允许上下旅客和货物，还要谈到第三、四种自由问题。这样对航空公司的好处是可以一次飞行三条航线：北京—维也纳，维也纳—苏黎世，北京—苏黎世，满足三种旅客的需求，增加客座率。

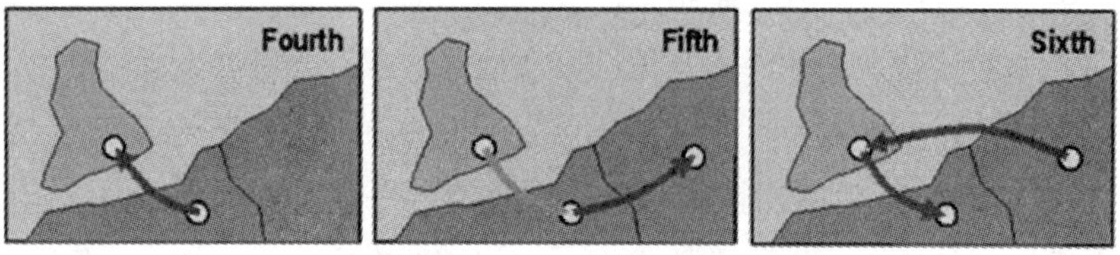

图 2-3　第四、五、六种航空自由（权利）

二、对五种航空自由（权利）的发展

在后来的航空运输实践中，在上述五种航空自由的基础上又引发出了第六、七、八种自由（权利）的概念。

第六种自由（权利）是指某国或地区的航空公司在境外的两国或地区间载运客货且中途经过其登记国或地区，也称为桥梁权。这种航空自由是一种组合权利，A 国政府只和 B 国签署第四种自由，并和 C 国政府签署第三种自由，就可以完成三个航段（B—A，B—C，A—C）的飞行，以提高效率。例如，伦敦—北京—首尔，国航将来自英国伦敦的旅客先运到北京，再运到韩国首尔。

第七种自由（权利）是指某国或地区的航空公司完全在其本国或地区领域以外经营独立的航线，在境外的两国或地区间载运客货的权利，也被称为基地权或完全第三国运输权。例如，根据美国与亚太经济圈的一些国家和地区（如中国台湾地区、菲律宾、新西兰以及新加坡等）签署的开放天空协定的有关规定，新加坡的航空公司可以不经过本土而直接经营美国至新西兰的货物运输服务。

第八种自由（权利）是指某国或地区的航空公司在他国或地区领域内两地间载运客货的权利，也被称为国内载运权。国家为了保护本国国民的经济利益和促进其航空事业的发展，有权保留国内载运权，并且此项权利的行使对外国航空器是平等的。从国际航空运输的实践来看，很少有国家给予他国本国国内载运权，因为这对于授权国国内民航业的冲击是很大的，只有欧洲和美国等少数国家在特别约定的情况下允许他国在本国使用国内载运权。

如果将上述第八种自由（权利）分为连续的国内载运权和非连续的国内载运权两种形态，那么就引申出了第九种自由（权利）的概念。在这种情况下，第八种自由（权利）解释为授权国门户点到授权国境内一点的飞行自由；第九种自由（权利）则解释为授权国国内各点之间的飞行自由。

这里的第八种自由（权利）强调的是国际联程航班的国内航段的载运权问题，此类航班第一航段的起点或最后航段的终点不在授权国境内，所以强调了“授权国门户点”，即授权国的国际航班机场；而第九种自由（权利）强调的是完全的国内航班运营权，此类航班的起点和终点都在授权国境内，其起点和终点可能是授权国的门户机场（国际航班机场），也可能是非门户机场，即授权国境内一般的国内航班机场。例如，假设我国向美国开放了第八种自由（权利），则可能有这样的航线：芝加哥—北京—成都，由美国西北航空公司承运，中国不仅允许美国西北航空公司承运的旅客、货物和邮件在北京进港，而且允许其在航班座位有空余的情况下，承载北京—成都的旅客、货物和邮件。但是，这一航线的起点是芝加哥，而不是在我国境内。

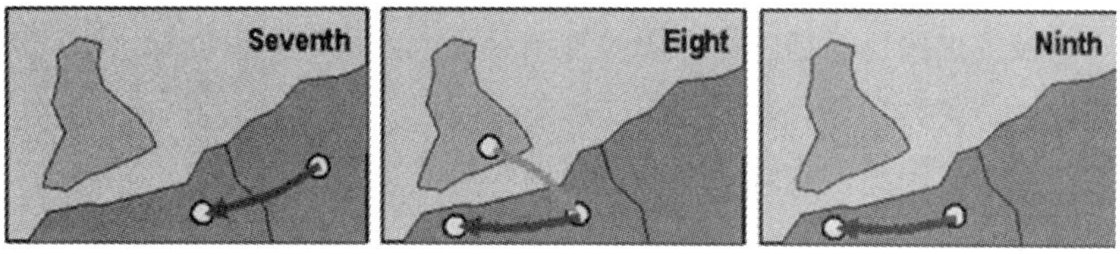

图 2−4　第七、八、九种航空自由（权利）

第四节　领空管理法律制度

一、空域管理的原则及主要内容

领空管理，又称空域管理。为了保证飞行安全，促使空中交通有秩序地运行，国家对空域实行统一管理。

（一）空域管理的原则

按照国际民航组织的有关要求，各国空域管理应遵循下列三大原则。

1. 主权性原则

主权性原则主要是指空域管理代表各国主权，不容侵犯，具有排他性。

2. 安全性原则

安全性原则主要是指在有效的空域管理体系下，确保航空器空中飞行安全，具有绝对性。

3. 经济性原则

经济性原则主要是指在确保飞行安全性基础上，科学地对空域实施管理，保证航空器沿着最佳飞行路线，在最短时间内完成飞行活动，具有效益性。

为了合理、充分、有效地利用空域，我国对空域实行统一管理。目前我国空域管理是兼顾民用航空和国防安全的需要，同时考虑公众的利益进行统一规划的。

（二）空域管理的主要内容

空域管理的目的是以最有效的管制手段或方法，充分发挥、协调和满足空域用户各方利益，增大空中交通流量，极大地减少空中交通延误，确保飞行安全。因此，空域管理的主要内容可分为空域划分与空域规划。

1. 空域划分

空域划分包括飞行高度层规定和各种空中交通服务区域的划分。规定不同的飞行高度层是为了防止飞机在飞行中相撞，因此，要根据不同的飞行方向、气象条件和飞机性能，规定不同的飞行高度层。

按照统一管制和分区负责相结合的原则，我国将全国空域划分为若干飞行情报区和飞行管制区，并建立相应的机构，为在上述区内的民用航空飞行提供空中交通服务。同时，为了对民用航空飞行实施有效的管制，要求飞机沿规定的路线在规定的区域内飞行。因此，在飞行情报区和管制区内划定飞行的航路、航线、空中走廊和机场区域，并对一些禁止飞行和在规定时间与高度范围内禁止飞行的区域，划定了空中的禁航区、限制区和危险区。

2. 空域规划

空域规划是指对某一给定空域（通常为终端区），通过对未来空中交通量需求的预测，根据空中交通流的流向、大小与分布，对其高度方向和区域范围进行设计和规划，并加以实施和修正的全过程。其目的为增大空中交通容量，理顺空中交通秩序，有效地利用空域资源，减轻空中交通管制员工作负荷，提高飞行安全水平。

二、特殊空域

特殊空域是指国家某些单位出于政治、军事或科学试验的需要，经相关部门批准划设的一定空域。一般情况下，民用航空器被限制甚至禁止在此空域内运行。为了方便决定运行类型和在不同空域的运行规则，特殊空域分禁航区、限制区、危险区（也称禁航空域、限制空域、危险空域）和防空识别区。通常在大的管制空域内都划设有一定的特殊空域。民用航空器在特殊空域内运行时应注意防止发生冲突。

1. 禁航区（Prohibited Area）

禁航区是指出于国家安全原因，在一个国家的陆地或领水上空，为禁止航空器飞行而划定的空域。它又分为永久性禁航区和临时性禁航区两种。禁航区是在各种类型的空域中，限制、约束等级最高的，一旦建立，未按照该国家有关规则经特别批准，任何人不得驾驶民用航空器在禁航区内飞行，除非有特别紧急的情况。这些区域一般划在政治经济中心、工业基地、军事要地和港口等重要的地区或海区上空，在航图上通常用醒目的字母 P 加以标注。

2. 限制区（Restricted Area）

限制区是指在一国陆地或领水上空，根据某些规定的条件，在时间上或高度上为限制航空器飞行而划定的区域。这类空域限制、约束等级较危险区高，又比禁航区低，一般指在位于航路、航线附近的军事要地、兵器试验场上空划设的空间和航空兵部队、飞行院校等航空单位的机场飞行空域。根据需要还可以在其他地区上空划设临时空中限制区。这些区域对航空器的飞行并非完全禁止，但是在限制区内常有潜在的飞行冲突，如炮击、对空射击或导弹发射等。只有经该区域内的管制机构同意，方可进入此区域飞行。一般来说，都能确保飞行员避开这些区域而不致发生冲突。但无论如何，在飞行中都需要特别注意，哪怕仅仅是飞近限制区。此类空域在航图上通常用字母 R 加以标注。

3. 危险区（Dangerous Area）

危险区是为指明在规定时间内存在的对飞行有危险的活动而划定的空域。这类空域可以由每个主权国家根据需要在陆地或领海上空建立，也可以在无明确主权的地区建立，它在所有限制性空域中，约束、限制最少，一般位于机场、航路、航线附近的对空射击场或者发射场等，根据其射向、射高、范围，可以在上空划设空中危险区或者临时空中危险区，在规定时限内，禁止无关航空器飞入其中。此类空域在航图上通常用字母 D 加以标注。

《国际民用航空公约》规定，“缔约各国由于军事需要或公共安全的理由，可以一律限制或禁止其他国家的航空器在其领土内的某些地区上空飞行”，“在非常情况下，或在紧急时期内，或为了公共安全，缔约各国也保留暂时限制或禁止航空器在其全部或部分领土上空飞行的权利并立即生效”。因此，各国普遍实行设置禁航区、限制区和危险区的制度。考虑到禁航区、限制区和危险区的设置必然对航空运输造成阻碍和影响，该公约又对其设置附加了三个条件：一是应遵循国民待遇原则，即对本国和外国同样性质飞行的民用航空器不得有区别对待，而且应不分国籍，适用于所有其他国家的航空器；二是其范围和位置应当合理，以免空中航行受到不必要的阻碍；三是其设置说明及其随后的任何变更应予以公布，并迅速通知国际民航组织及其他缔约国。

4. 防空识别区（Air Defense Identification Zone）

防空识别区或称空防识别区，是指从地球陆地或水域的表面向上延伸的划定空域，在该空域内，为了国家安全，要求对航空器能立即识别、定位和管制。它是有关国家鉴于航空器飞行速度快的特点，出于国防安全的需要而设置的。

最早设立防空识别区的国家是美国。1950 年 12 月，美国政府公布一项命令，规定在接近其海岸的公海上空行使若干管辖权。依此命令，任何航空器，包括外国航空器，欲飞入美国领空，须先飞至美国领空外一定距离的公海上空，并向美国航空当局报告飞行位置及任务。美国将该管辖权所及的一部分公海上空，称为“防空识别区”。

2005年，日本“统合幕僚监部”发表报告称进入日本“防空识别区”的中国军用飞机架次大幅增加。日本划定“防空识别区”是单方面行为，其“防空识别区”离中国最近的地方，距浙江省的海岸只有约130公里；并且日本还将自己单方面划定的所谓“日中中间线”中国一侧的部分海域上空也纳入了日本“防空识别区”。中国的飞机即使在自己的沿海以及自己的东海专属经济区上空正常飞行，也会被定义为“闯入”日本“防空识别区”。实际上，日本试图混淆“领空”和“防空识别区”的概念，大肆渲染所谓的“中国威胁论”。

因而，对于防空识别区制度应当全面来看。一方面，“防空识别区”与“领空”是两个完全不同的概念。建立防空识别区，并不被认为是地面国领空范围的扩大，也不是其领空主权的延伸，而是让外国航空器在进入一国领空之前能被有效识别，以便地面国识别、定位和管制，有利于保证国家安全。另一方面，有关防空识别区的划定问题，在美国的实践中并未引起异议，这是因为许多国家的航空公司对该防空识别区的存在表示默认，已经构成对国家政策某种程度上的承认。但是，这并不排除某些别有用心的国家利用防空识别区制度单方面划定防空识别区，侵犯邻近国的领空主权。只有充分考虑这两方面，防空识别区才能发挥其应有的作用。

由于“防空识别区”延伸至领空水平范围之外的公海上空，而且是单方面的行为，因而建立这种空域是否合法，在国际上是有争议的。但在实践中，有关建立防空识别区在理论上的争论被抛在一边，因而在和平时期建立的永久性防空识别区并未引起异议。各国普遍认为，建立防空识别区，并不被认为是地面国领空范围的扩大，也不意味着其领空主权向外延伸，只是能有效地对来犯飞机在进入领空之前予以识别，这对于加强国防监控，保卫国家领空安全具有重大意义。现在，各国为确保其领空安全，实际上都在建立自己的防空识别区。

三、飞行管理法律制度

与地面交通一样，天上也需要一套交通规则，用以规范驾驶员的驾驶行为。借鉴地面交通规则的经验制定的空中交通规则（Air Traffic Rules)，是组织实施航空器飞行，维护空中交通秩序，保障飞行安全的依据，通常又称为“飞行规则”(Flight Rules)。

（一）国际空中航行的基本规则

在世界范围内统一的空中交通规则是指《国际民用航空公约》附件二《空中规则》。就某一国而言，其空中交通规则应在本国的航空法中做出具体规定，并将其与《空中规则》的差异通报国际民用航空组织，以便其他国家的航空器飞入或飞越该国时遵照执行。

1. 国际空中航行应遵守的基本原则

（1）领空主权原则，即外国航空器进入一国领空须经该国允许，并应遵守该国的法律和规章。

（2）在不属于任何国家领空的空间航行自由，遵守由国际民航组织统一制定的空中航行规则。

2. 国际空中航行应遵守的具体规则

（1）展示识别标志。

（2）遵守飞入国的法律和规章。

（3）在设关机场降停，接受降停国的检查。

（4）应携带必备的文件。

（5）遵守飞入国关于货物限制的规定。

（6）不滥用民用航空，指不将民用航空用于和《国际民用航空公约》宗旨不相符合的任何目的。

3. 航空器在公海和专属经济区上空飞行的自由

根据 1982 年《联合国海洋法公约》的规定，整个海洋可划分为内水、领海、群岛水域、毗连区、专属经济区、大陆架、公海、国际海底区域和用于国际航行的海峡等海域。其中，领海和内水属于国家领土的范围，而毗连区、专属经济区和大陆架则组成国家管辖区域。领空主权延伸至领海，保证了排除外部势力利用空气空间的权利，但不延伸至专属经济区和公海上空的空气空间。

公海自由是公海制度的法律基础，并早已形成为国际习惯法规则。与公海海面制度不同，根据 1944 年《国际民用航空公约》，各国航空器在公海上空飞行时要遵守该公约制定的规则。但是，有关国家“防空识别区”的建立，使得在实践中，虽然公海对所有国家开放，不论其为沿海国还是内陆国，各国航空器在公海上空的飞越自由不受各国主权的限制，但也不是完全自由的。

毗连区、大陆架和专属经济区是特殊的海域，航空器在飞越沿海国的毗连区、专属经济区或大陆架上覆水域上空时，有自由飞越的权利，但应遵守沿海国的有关法律和规章。与航空器在公海上空的飞越自由相比，是一种受更多条件限制的飞越自由。

4. 航空器的“过境通行权”和“群岛海道通过权”

为了保证国际航行（包括船舶和航空器）的畅通，1982 年《联合国海洋法公约》中确立了过境通行权和群岛水域的新概念。

过境通行指所有外国船舶或航空器都可以在用于国际航行的海峡自由通过。用于国际航行的海峡是指那些两端连接公海或专属经济区，频繁用于国际航行，构成世界性航道的海峡。但如果海峡是由海峡沿岸国的一个岛屿和该国大陆形成，而且该岛屿向海一面有在航行和水文特征方面同样方便的一条穿过公海或穿过专属经济区的航道，过境通行就不应适用。同时，1982 年《联合国海洋法公约》明确规定了海峡沿岸国和过境者的权利和义务，即所有船舶和航空器均享有过境通行的权利，但其在行使过境通行权时，应毫不迟延地通过或飞越海峡，并遵守沿岸国所制定的有关法律和规章，不得对沿岸国主权、领土完整和政治独立进行任何武力威胁或使用武力。海峡沿岸国不应妨碍或中止过境通行，不得对过境船舶有所歧视，并应将其所知的对航行有危险的情况妥为公布。

按照 1982 年《联合国海洋法公约》的规定，群岛国可以用连接其最外缘岛屿的直线作为群岛直线基线，并从基线量出其领海、毗连区、专属经济区、大陆架等海域，而基线所包围的水域就是群岛水域。群岛国对其群岛水域具有主权，但外国船舶在群岛水域中享有无害通过权，并且群岛国可指定适当的海道和其上的空中航路，即群岛海道，以便外国船舶和航空器在其上空持续不停、迅速和无障碍地过境，行使正常方式的航行和飞越的权利。航空器行使群岛海道通过权应尽的义务，比照行使用于国际航行的海峡过境通行权应尽的义务执行。因此，用于国际航行的海峡和群岛国的群岛水域虽属国家主权管辖的海域，但国家在用于国际航行的海峡和群岛水域上空的空气空间行使的并不是“完全的”和“排他的”主权。

（二）我国现行的飞行基本规则

为了维护国家领空主权，规范飞行活动，保障飞行活动安全有序地进行，我国对境内所有飞行实行统一的飞行管制，由中国人民解放军空军统一组织实施，各有关飞行管制部门按照各自的职责分工提供空中交通管制服务。

我国现行的要求各类航空器共同遵守的飞行基本规则如下：

（1）在中华人民共和国领空飞行的航空器，必须标有明显的识别标志，禁止无识别标志的航空器飞行。无识别标志的航空器因特殊情况需要飞行的，必须经中国人民解放军空军批准。

（2）民用航空器未经批准不得飞出中华人民共和国领空。对未经批准而起飞或者升空的航空器，有关单位必须迅速查明情况，采取必要措施，直至强迫其降落。外国航空器飞入或者飞出中华人民共和国领空，必须按照规定的航路飞入或者飞出。飞入或者飞出领空前 20 分钟至 15 分钟，其机组必须向中华人民共和国有关空中交通管制部门报告，并取得飞入或者飞出领空的许可；未经许可，不得飞入或者飞出。

（3）非经特殊允许，民用航空器不得飞越城市上空，不能在居民密集区域上空飞行，也不能向下抛撒任何物品。

（4）为了防止相撞，规定航空器在相对飞行相遇时，各自向右转躲避对方；在同向飞行时，如果要超越前方的航空器，后面的航空器要改变高度或从右侧超越；航向不同的航空器在空中交会时，左方的航空器要为右方的航空器让路。

（5）在中华人民共和国境内飞行的航空器，必须遵守统一的飞行规则。进行目视飞行的民用航空器，应当遵守目视飞行规则，并与其他航空器、地面障碍体保持安全距离。进行仪表飞行的航空器，应当遵守仪表飞行规则。

（6）民用航空器机组人员的飞行时间、执勤时间不得超过国务院民用航空主管部门规定的时限。民用航空器机组人员受到酒类饮料、麻醉剂或者其他药物的影响，损及工作能力的，不得执行飞行任务。各航空单位的负责人对本单位遵守飞行规则负责。航空器的机长对本空勤组成员遵守飞行规则负责。

【思考题】

1. 简述空间划界的主要理论。
2. 简述国家领空的边界的确定。
3. 试论领空主权原则。
4. 简述航空自由的分类和含义。
5. 简述空域的划分。
6. 国际空中航行应遵守哪些规则？
7. 如何理解航空器在公海和专属经济区上空的飞行自由？
8. 航空器行使“过境通行权”和“群岛海道通过权”时应注意哪些问题？

第三章　民用航空器管理法律制度

【导入案例】

中美南海撞机事件

2001年4月1日，一架美国海军EP－3型侦察机在中国海南岛附近海域上空执行侦察任务，中国海军航空兵派出2架歼－8II战斗机进行监视和拦截，其中一架僚机在中国海南岛东南70海里（110公里）的中国专属经济区上空与美军飞机发生碰撞，中国战斗机坠毁，飞行员王伟跳伞后下落不明，后被中国确认牺牲，而美国的军机则迫降海南岛陵水机场。中国指责美国侦察机故意撞向中国的歼－8II战斗机，并且在没有通知中方和得到中方许可的情况下降落于中国领土。

中方认为美方无视国际上的有关制度，滥用飞越自由，是造成此次撞机事件的主要原因。美方辩称4月1日的撞机事件发生在国际空域，在该空域的美国飞机享有飞越自由。中方认为，此次中美飞机相撞发生在距海南岛东南104公里处的中国近海上空，这是属于中国专属经济区的上覆空域。根据现行的国际法制度，虽然所有国家在他国经济专属经济区上空都享受飞越自由，但是这项自由绝不是无限制的，各国在行驶这项飞越自由时要受到国际法有关规则的约束。美国虽然没有签署《联合国海洋法公约》，但中方认为该公约的上述一系列规定已成为公认的国际法规则，即使其尚未成为该公约的缔约国，同样也要受到这些规则的约束。

中国要求美国停止在中国沿海的侦察活动，并且正式道歉。

中国政府还向美国提出了100万美元的索赔要求，但美国只同意支付34567美元，遭到中方断然拒绝。时任美国总统的小布什对中国的两个主要要求都予以拒绝，表明美国不可能停止在中国海域的侦察活动，也不能为不是自己造成的这个事故表示道歉，于是双方陷入外交僵局。4月4日，美国国务卿克林·鲍威尔在接受记者采访时，对中国飞行员的失踪表示遗憾，并在稍后以个人名义致信中国副总理钱其琛，表示了遗憾。这样的僵局才有所松动。4月5日，中美官员达成结束撞机事件的五点方案，其中包括美国大使给中国外交部部长发出一封公开署名信函，对中国飞行员的失踪和美国飞机进入中国领空表示遗憾，中国方面具体安排释放机组人员，并与美国方面商讨归还美国飞机和防止今后出现类似事件等问题。最后几经修改，才出现了著名的“两个遗憾”的信件。这就是美国对中国飞行员的损失向中国人民和飞行员家属表示“真诚的遗憾”，对美国飞机在没有得到中方口头许可而进入中国领空并降落深表遗憾。

4月11日下午5时30分，在中华人民共和国外交部，美国政府处理美国军用侦察机撞毁中国军用飞机事件的全权代表、美国驻华大使普理赫向中国外交部部长唐家璇递交了关于美国军用侦察机撞毁中国军用飞机的致歉信。中国外交部部长唐家璇4月11日下午在北京接受美国政府向中国人民致歉信时指出，中方理解美方盼望机组人员早日回国与亲人团聚的急切心情，鉴于美国政府已向中国人民致歉，出于人道主义考虑，中国政府决定允许上述人员在履行必要手续后离境。

在美国机组成员获释后，该美军侦察机仍滞留在海南岛。美方曾向中方提出拟派遣工程人员前往海南岛为军机进行维修，但中方拒绝让美国军机直接飞离，又拒绝以美军运输机将之运走。最后美国决定派遣工程人员将之拆分，再用一架从俄罗斯租用的安－124巨型运输机把部件运走，并于在6月6日与中方达成共识。

案例思考：

1. 民用航空器与国家航空器具有怎样的法律地位？
2. 国家航空器是否适用《芝加哥公约》的相关规定？

本章主要介绍民用航空器国籍的意义及管理的基本原则和主要内容，民用航空器权利的含义、登记和种类，民用航空器适航管理的概念、分类及其主要内容，民用航空器搜寻援救和事故调查等。

第一节　民用航空器的国籍管理制度

一、民用航空器国籍管理的意义

国籍制度最早是用来识别某一自然人的一种法律上的身份。它是指一个人作为某一国家的国民或公民而隶属于该国。这种关系意味着个人效忠国家和国家保护个人的义务。概括地说，国籍是指一个人同某一特定国家的固定的法律联系，也是国家实行外交保护权利的法律依据。在现代社会中，国籍的概念已经从自然人扩大到法人、船舶、航空器以及一般财产。

航空器具有国籍（Aircraft Nationality）是一项十分重要的法律制度，航空法上对航空器国籍的设想最早是由法学家福希尔提出的。他要求制定国际规则，指导航空活动，最终促成 1919 年《巴黎公约》中列入若干处理此问题的条款。对航空器国籍的规定在 1944 年《国际民用航空公约》中更是占有突出的位置，例如，公约规定各国应“采取措施以保证在其领土上空飞行的每一航空器遵守当地关于航空器飞行和运转的现行规则和规章”（第十二条）；“凡从事国际航行的每一航空器，应备有该航空器登记国即国籍国发给或核准的适航证”（第三十一条）。

航空器国籍的重要意义在于：航空器的国籍，是航空器与登记国相联系的法律纽带。航空器的国籍原则承认了航空器依其国内法具有一定法律人格，并据此烙上所属国国籍的印记，从而使该国在国际法上享有国籍国的若干权利与义务。

二、国籍标志与登记标志

1. 国籍标志与登记标志

国籍标志是识别航空器国籍的标志。航空器国籍标志须由一组字组成，从国际电信联盟分配给航空器登记国的无线电呼叫信号中的国籍代号系列中选用，并将国籍标志通知国际民航组织。在国籍标志之外，还有一种“共用标志”。共用标志是国际民航组织分配给共用标志登记当局的标志，用以对国际经营机构的航空器不以国家形式进行登记。共用标志须从国际电信联盟分配给国际民航组织的无线电呼叫信号的代号系列中选用。

登记标志是航空器登记国在航空器登记后指定的标志。登记标志须是字母、数字或是两者的组合，列在国籍标志之后。

国籍标志和登记标志必须按规定的尺寸和字体涂在航空器上或用任何其他能保证同等耐久的方法附在航空器上。标志须保持清洁和随时可见。此外，航空器上必须有一块至少刻有其国籍标志和登记标志的识别牌。该识别牌使用耐火金属材料或其他具有合适物理性质的耐火材料制成，并且应当固定在航空器主舱门附近显著的地方。

航空器的国籍标志与登记标志是航空器投入航空活动的重要先决条件，国籍标志是一国航空器区别于他国航空器的最基本内容。世界各国航空器的国籍标志见表3－1：

表3－1 国际民航组织的航空器国籍标志一览表

A	AP 巴基斯坦 A2 博茨瓦纳 A3 汤加 A5 不丹 A6 阿联酋 A7 卡塔尔 A9C 巴林 A40C 阿曼
B	B 中国
C	C，CF 加拿大 CC 智利 CN 摩洛哥 CP 玻利维亚 CR，CS 葡萄牙 CU 古巴 CX 乌拉圭 C2 瑙鲁 C5 冈比亚 C6 巴哈马 C9 莫桑比克
D	D 德国 DQ 斐济 D2 安哥拉 D4 佛得角
E	EC 西班牙 EI，EJ 爱尔兰 EL 利比里亚 EP 伊朗 ES 爱沙尼亚 ET 埃塞俄比亚 EW 白俄罗斯
F	F 法国
G	G 联合王国
H	HA 匈牙利 HB 国徽 瑞士 HB 国徽 列支敦士登 HC 厄瓜多尔 HH 海地 HI 多米尼加 HK 哥伦比亚 HL 韩国 HP 巴拿马 HR 洪都拉斯 HS 泰国 HZ 沙特阿拉伯 H4 所罗门群岛
I	I 意大利
J	JA 日本 JY 约旦 J2 吉布提 J3 格林纳达 J5 几内亚比绍 J6 圣卢西亚 J7 多米尼加 J8 圣文森特和格林纳达

续表3-1

L	LN 挪威　LQ，LV 阿根廷　LX 卢森堡　LZ 保加利亚
M	MT 蒙古
N	N 美国
O	OB 秘鲁　OD 黎巴嫩　OE 奥地利　OH 芬兰　OK 捷克斯洛伐克　OO 比利时　OY 丹麦
P	P 朝鲜　PH 荷兰　PJ 荷兰安德列斯群岛　PK 印度尼西亚　PP，PT 巴西　PZ 苏里南　P2 巴布亚新几内亚　P4 阿鲁巴
R	RA 俄罗斯联邦　RDPL 老挝　RP 菲律宾
S	SE 瑞典　SP 波兰　ST 苏丹　SU 埃及　SX 希腊　S2 孟加拉国　S7 塞舌尔　S9 圣多美和普林西比
T	TC 土耳其　TF 冰岛　TG 危地马拉　TI 哥斯达黎加　TJ 喀麦隆　TL 中非　TN 刚果　TR 加蓬　TS 突尼斯　TT 乍得　TU 科特迪瓦　TY 贝宁　TZ 马里
U	UR 乌克兰
V	VH 澳大利亚　VP，VQ 联合王国殖民地和保护国　VR 联合王国殖民地和保护国　VT 印度　V2 安提瓜和巴布达　V3 伯里兹　V4 圣基茨和尼维斯　V6 密克罗尼西亚　V8 文莱达鲁萨兰国
X	XA 墨西哥　XB，XC 墨西哥　XT 布基纳法索　XU 柬埔寨　XV 越南　XY，XZ 缅甸
Y	YA 阿富汗　YI 伊拉克　YJ 瓦努阿图　YK 叙利亚　YL 拉托维亚　YN 尼加拉瓜　YR 罗马尼亚　YS 萨尔瓦多　YU 南斯拉夫　YV 委内瑞拉　Y5 纳米比亚
Z	Z 津巴布韦　ZK，ZL 新西兰　ZM 新西兰　ZP 巴拉圭　ZS 南非　ZT，ZU 南非
3	3A 摩纳哥　3B 毛里求斯　3C 赤道几内亚　3D 斯威士兰　3X 几内亚
4	4K 阿塞拜疆　4R 斯里兰卡　4W 也门　4X 以色列
5	5A 利比亚　5B 塞浦路斯　5H 坦桑尼亚　5N 尼日利亚　5R 马达加斯加　5T 毛里塔尼亚　5U 尼日尔　5V 多哥　5W 萨摩亚　5X 乌干达　5Y 肯尼亚
6	6O 索马里　6V，6W 塞内加尔　6Y 牙买加
7	7P 莱索托　7QY 马拉维　7T 阿尔及利亚
8	8P 巴巴多斯　8Q 马尔代夫　8R 圭亚那
9	9A 克罗地亚　9G 加纳　9H 马耳他　9J 赞比亚　9K 科威特　9L　塞拉利昂　9M 马来西亚　9N 尼泊尔　9Q 扎伊尔　9U 布隆迪　9V 新加坡　9XR 卢旺达　9Y 特立尼达和多巴哥

1944年的《芝加哥公约》要求从事国际航行的每一航空器应当载有适当的国籍标志和登记标志，对航空器的显示问题做出规定并提出了具体要求。公约的附件七对航空器的国籍标志、登记标志的位置、类型和大小列出国际标准。同时，为了与公约提出的关于报告登记情况的规定相对应，附件七还规定了对总登记簿的要求和航空器随时携带的登记证的格式。

《中华人民共和国民用航空法》第八条规定：依法取得中华人民共和国国籍的民用航空器应当标明规定的国籍标志和登记标志。

《中华人民共和国民用航空器国籍登记条例》第十五条至第十九条规定：

（1）中华人民共和国民用航空器的国籍标志为罗马体大写字母B。中华人民共和国民用航空器的登记标志为阿拉伯数字、罗马体大写字母或者二者的组合。

（2）中华人民共和国民用航空器的国籍标志置于登记标志之前，国籍标志和登记标志之间加一短横线。

（3）取得中华人民共和国国籍的民用航空器，应当将国籍标志和登记标志喷涂在民用航空器上或者用其他能够保持同等耐久性的方法附着在民用航空器上，并保持清晰可见。

（4）国籍标志和登记标志在民用航空器上的位置、尺寸和字体，由国务院民用航空主管部门规定。

（5）任何单位或者个人不得在民用航空器上喷涂、粘贴易与国籍标志和登记标志相混淆的图案、标记或者符号。

（6）取得中华人民共和国国籍的民用航空器，应当载有一块刻有国籍标志和登记标志并用耐火金属或者其他耐火材料制成的识别牌。

2. 法律责任

《民用航空器国籍登记规定》（以下简称《规定》）第三十四条规定，有下列情形之一的，民航局或者其授权的地区管理局可以禁止该民用航空器起飞，并可处以警告；利用该民用航空器从事经营活动，有违法所得的，可以处以违法所得3倍以下的罚款（最高不超过30000元），没有违法所得的，可以处以10000元以下的罚款；利用该民用航空器从事非经营活动的，可以处以 1000 元以下罚款：

（1）违反本规定第四条，民用航空器没有或者未携带民用航空器国籍登记证书或临时登记证书；

（2）违反本规定第十九条，伪造、涂改或者转让民用航空器国籍登记证书的；

（3）违反本规定第三十三条，载有临时登记标志的民用航空器从事本规定第三十一条第一款以外的飞行活动的。

另外，《规定》第三十五条规定，有下列情形之一的，民航局或者其授权的地区管理局可以处以警告；利用该民用航空器从事经营活动，有违法所得的，可以处以违法所得 3 倍以下的罚款（最高不超过 30000 元），没有违法所得的，可以处以 10000 元以下的罚款；利用该民用航空器从事非经营活动的，可以处以 1000 元以下罚款：

（1）违反本规定第十四条、第十五条，不申请办理变更登记或者注销登记的；

（2）违反本规定第二十四条、第二十五条、第二十六条，不按规定的位置、字体、尺寸在航空器上标明国籍标志和登记标志的；

（3）违反本规定第二十七条，在民用航空器上喷涂、粘贴不符合规定或者未经民航局批准的图案、标记或者符号的；

（4）违反本规定第二十八条，不按规定在每一航空器上标明民用航空器所有人或者占有人的名称和标志的；

（5）违反本规定第三十条，不按规定制作或固定识别牌的。

三、民用航空器国籍管理的基本原则

（一）登记的原则

对于用何种方法确定航空器的国籍，原来是有不同意见的。例如，英国代表根据该国在海商法上用所有权作为标准的传统做法，在 1919 年巴黎会议上曾提出建议，用航空器所有人的国籍决定航空器的国籍，但未被采纳。后来会议采用了用登记制度决定航空器国籍的方法，也就是说，航空器是在哪个国家登记的，其国籍就是这个国家。这个方法后来为《芝加哥公约》沿用。

（二）单一国籍原则

航空器国籍原则的一个重要特征是：一架航空器只许有一个国籍。《芝加哥公约》第十八条规定，一架航空器不得在几个国家登记，但其登记可以从一国转移至另一国。《中华人民共和国民用航空法》第九条规定：民用航空器不得具有双重国籍。未注销外国国籍的民用航空器不得在中华人民共和国申请国籍登记。

（三）联合经营

《芝加哥公约》第七十七条规定："本公约不妨碍两个或两个以上缔约国组成航空运输的联营组织或国际性的经营机构，以及在任何航线或地区合营航班"；"理事会应决定本公约关于航空器国籍的规定以何种方式适用于国际经营机构所用的航空器。"

世界上成立最早、最成功的国际性联营组织是"斯堪的纳维亚联合航空体"（SAS），它由瑞典、丹麦与挪威三国的航空公司按 3/7（瑞典）、2/7（丹麦）与 2/7（挪威）的资金比例于 1946 年联合组成，通称"北欧航空公司"。这个航空公司的机群，亦按上述比例分别在三国登记，因而避免了第七十七条由国际民航组织理事会决定其所用航空器国籍这个问题。1961 年 11 个法语系非洲国家组成了"非洲航空公司"。国际民航组织法律委员会和理事会于 1967 年讨论了这个问题，认为依据第七十七条的规定，只要在一国进行联合登记，而将该公司在各国登记的航空器填入联合登记簿内，即可成立；但该公司所属机群只涂共同标志而不是某一个国家的标志，各国承担连带责任。该非洲航空公司后来是在象牙海岸国（1986 年改称科特迪瓦）联合登记的。

四、民用航空器登记国的权利和义务

（一）航空器登记国对在域外的本国航空器享有的权利

1. 管辖权

航空器登记国对在域外的本国航空器在一定条件下有管辖权：

（1）航空器登记国的有关法律，在航空器所在地国的法律或者航空器登记国缔结或参加的国际条约没有另外规定时，亦适用于在域外的本国航空器。

（2）当航空器在飞行中，在公海海面上或者在不属于任何国家领土的地区的地（水）面上，该航空器内所产生的法律关系，由航空器登记国的法律调整。

（3）当航空器在飞行中，在公海海面上或者在不属于任何国家领土的地区的地（水）面上，该航空器的登记国对在其内发生的犯罪和其他某些行为有管辖权，但不排除该航空器飞经国依据该国法律行使刑事管辖权。

有些国家的国内法规定了较宽的域外刑事管辖权，自然会与领土国的属地管辖权相冲突。这种冲突需要通过适当途径解决。

2. 保护权

航空器登记国有权保护在域外的本国航空器。

（1）当航空器在国外遇险时，在该航空器遇险所在地当局的管制下，航空器登记国有权采取情况所需的援助措施。

（2）当航空器在外国发生事故时，航空器登记国有权指派观察员在调查时到场，并有权要求和接受主持调查的国家提供此事的报告及调查结果。

（3）航空器登记国的领事官员根据双边领事条约的规定，在领区内有权对停留在接受国的机场或在空中飞行的本国航空器提供一切必要的协助，可以同本国机长和机组成员进行联系，并可请求接受国主管当局提供协助。

（4）航空器登记国领事官员有权在领区内就本国航空器采取下列措施：

①在不损害接受国主管当局权利的情况下，对本国航空器在飞行中和在机场停留时发生的任何事件进行调查，对机长和任何机组成员进行询问，检查航空器证书，接受关于航空器飞行和目的地的报告，并为航空器降落、飞行和在机场停留提供必要的协助。

②如登记国法律有规定，则在不损害接受国当局权利的情况下解决机长和任何机组成员发生的各种争端。

③对机长和任何机组成员的住院治疗和遣送回国采取措施。

④接受、出具或证明本国法律就航空器规定的任何报告或其他证件。

（5）当接受国法院或其主管当局对航空器或其机长及任何机组成员采

取任何强制措施或进行正式调查时，航空器登记国的有关领事官员可以事先得到通知，以便本人或派代表到场。如情况紧急，事先未得到通知，可以在接受国采取上述行动后立即得到通知，并可请求接受国提供所采取行动的一切有关资料。

（6）当航空器机长、航空器经营人及其代理人或有关的保险机构都不能对发生事故的航空器的物品采取保护或处置措施时，航空器登记国的领事官员有权代表他们为此采取相应措施。

3. 管理权

航空器登记国有权对从事国际航行的本国航空器加强管理，予以控制。

（1）从事国际航行的每一航空器应载有其登记国的国籍标志和登记标志。

（2）从事国际航行的每一航空器应携带其登记国发给或核准的下列证件：

①航空器登记证；

②航空器适航证；

③航空器驾驶员及飞行组其他成员的合格证和执照；

④航空器无线电台许可证。

航空器登记国发给或核准的适航证和合格证书及执照，只要发给或核准此项证书或执照的要求，等于或高于根据《国际民用航空公约》随时制定的最低标准，其他国家应承认其有效。

航空器登记国可以通过国内法的规定，加强对在该国登记的航空器的管理和控制。例如，对航空器维修和放行，不论是在境内还是境外，须由航空器登记国主管当局发给执照或证书的合格人员施行。有的国家，例如美国规定，租给外国经营人使用的航空器，必须每月两次飞回航空器登记国。有的国家，例如苏联还规定，航空器的机组成员必须是该航空器登记国的公民等。

（二）航空器登记国应承担的义务

1. 管辖义务

航空器登记国对在其航空器内犯罪和其他某些行为，应采取必要措施，以确立其作为登记国的管辖权。

2. 保证义务

保证义务包括发证和禁止义务。保证义务指航空器登记国为其航空器发给或核准适航证和合格证书及执照，既是权利，又是义务，发证要求不得低于国际最低标准。禁止义务指航空器登记国应采取适当措施，禁止将在该国登记的任何民用航空器肆意用于与《国际民用航空公约》宗旨不相符合的目的。

3. 保护义务

从国籍制度的产生来看，国籍制度的设立，是国家为了保护其国民在国外的合法权利，当航空器在该国登记时，享有了“国民”的身份，因此国家对在域外的本国航空器的合法利益有保护的义务。

4. 提供资料义务

《国际民用航空公约》第 21 条规定，缔约各国承允，如经要求，应将关于在该国登记的某一航空器的登记及所有权情况提供给任何另一缔约国或国际民用航空组织。此外，缔约各国应按照国际民用航空组织制定的规章，向该组织报告有关在该国登记的经常从事国际航行的航空器所有权和控制权的可提供的有关资料。

五、民用航空器国籍登记的程序

《中华人民共和国民用航空法》第六条规定：经中华人民共和国国务院民用航空主管部门依法进行国籍登记的民用航空器，具有中华人民共和国国籍，由国务院民用航空主管部门发给国籍登记证书。另外，《中华人民共和国民用航空器国籍登记条例》（以下简称《条例》）和《民用航空器国籍登记规定》（以下简称《规定》）也做了较详细的规定。

国务院民用航空主管部门设立中华人民共和国民用航空器国籍登记簿，统一记载民用航空器的国籍登记事项。

航空器国籍登记的程序分为一般登记、变更登记、注销登记和临时登记。

（一）一般登记的程序

1. 申请人应该提交的文件

《条例》第七条规定，申请中华人民共和国民用航空器国籍登记的，申请人应当按照国务院民用航空主管部门规定的格式如实填写民用航空器国籍登记申请书，并向国务院民用航空主管部门提交下列文件：①证明申请人合法身份的文件；②作为取得民用航空器所有权证明的购买合同和交接文书，或者作为占有民用航空器证明的租赁合同和交接文书；③未在外国登记国籍或者已注销外国国籍的证明；④国务院民用航空主管部门要求提交的其他有关文件。

2. 主管部门的工作程序

《条例》第八条规定，国务院民用航空主管部门应当自收到民用航空器国籍登记申请之日起 7 个工作日内，对申请书及有关证明文件进行审查。经审查，符合本条例规定的，应当向申请人颁发中华人民共和国民用航空器国籍登记证书。《规定》第十二条规定，民航局在民用航空器国籍登记簿中载明下列事项：①民用航空器国籍标志和登记标志；②民用航空器制造人名称；③民用航空器型号；④民用航空器出厂序号；⑤民用航空器所有人名称及其地址；⑥民用航空器占有人名称及其地址；⑦民用航空器登记日期；⑧民用航空器国籍登记证书签发人姓名；⑨变更登记日期；⑩注销登记日期。

（二）变更登记的程序

《规定》第十四条规定，取得中华人民共和国国籍的民用航空器，遇有下列情形之一时，应当向民航局申请办理变更登记：①民用航空器所有人或其地址变更；②民用航空器占有人或其地址变更；③民航局规定需要办理变更登记的其他情形。

申请人应当按照民航局规定的格式填写民用航空器变更登记申请书，并提交有关证明文件，交回原民用航空器国籍登记证书。民航局自收到民用航空器国籍登记变更申请之日起 7 个工作日内，对申请书及有关证明文件进行审查。经审查，符合本规定的，即在中华人民共和国民用航空器国籍登记簿上进行变更登记，并颁发变更后的民用航空器国籍登记证书。

（三）注销登记的程序

《规定》第十五条规定，取得中华人民共和国国籍的民用航空器，遇有下列情形之一的，应当向民航局申请办理注销登记：①民用航空器所有权依法转移境外并已办理出口适航证的；②民用航空器退出使用或者报废的；③民用航空器失事或者失踪并停止搜寻的；④符合本规定第五条第二款规定的民用航空器租赁合同终止的；⑤民航局规定需要办理注销登记的其他情形。

申请人应当按照民航局规定的格式填写民用航空器注销登记申请书，并提交有关证明文件，交回原民用航空器国籍登记证书，但本条前款第三项的情况除外。民航局自收到申请书之日起 7 个工作日内，对申请书及有关证明文件进行审查。经审查，符合本规定的，即注销该民用航空器的国籍登记。民用航空器注销国籍登记的，该航空器上的国籍标志和登记标志应当予以覆盖。

（四）临时登记的程序

《规定》第三十一条规定，对未取得民用航空器国籍登记证书的民用航空器，申请人应当在进行下列飞行前 30 日内，按照民航局规定的格式如实填写申请书，并向民航局提交有关证明文件，办理临时登记：①验证试验飞行、生产试验飞行；②表演飞行；③为交付或者出口的调机飞行；④其他必要的飞行。

这里的申请人是指民用航空器制造人、销售人或者民航局认可的其他申请人。

民航局准予临时登记的，应当确定临时登记标志，颁发临时登记证书。临时登记证书在其载明的期限内有效。

临时登记标志应当在航空器上标明。取得临时登记标志的民用航空器出口的，可以使用易于去除的材料将临时登记标志附着在民用航空器上，并应当完全覆盖外方要求预先喷涂的外国国籍标志和登记标志。载有临时登记标志的民用航空器不得从事本规定第三十一条第一款以外的飞行活动。

第二节　民用航空器权利登记

一、民用航空器权利的含义及其客体

民用航空器的权利是指航空法所随从的民用航空器的所用人或者经营

人、债权人对民用航空器的权利。这里的权利包括对民用航空器的所有权、抵押权和优先权。

按照《日内瓦公约》的规定，本公约所称的航空器，包括航空器机体、发动机、螺旋桨、无线电装置以及所有用于航空器的，不论与航空器组装在一起还是暂时拆卸下来的部件；《中华人民共和国民用航空法》第十条规定：民用航空器的权利，包括对民用航空器构架、发动机、螺旋桨、无线电设备和其他一切为了在民用航空器上使用的，无论安装于其上或者暂时拆离的物品的权利。法律关系中的客体是指权利、义务指向的对象，民用航空器权利客体无疑是指民用航空器权利指向的对象。根据本条的规定，民用航空器权利的客体民用航空器包括民用航空器构架、发动机、螺旋桨、无线电设备和其他一切为了在民用航空器上使用的，无论安装于其上或者暂时拆离的物品。

二、民用航空器权利的种类

《中华人民共和国民用航空法》第十一条规定：民用航空器权利人应当就下列权利分别向国务院民用航空主管部门办理权利登记：①民用航空器所有权；②通过购买行为取得并占有民用航空器的权利；③根据租赁期限为六个月以上的租赁合同占有民用航空器的权利；④民用航空器抵押权。

（一）民用航空器所有权

民用航空器所有权是指民用航空器所有人依法对其民用航空器享有占有、使用、收益和处分的权利。

1．占有

占有是指对民用航空器在事实上或法律上的控制。所有人一般都占有自己的民用航空器，这是所有人行使占有权的具体表现。随着现代航空运输事业的发展，出现了新的占有形式。航空器在很多情况下，不为所有人所占有。

（1）通过购买行为取得并占有民用航空器的权利。

这种通过购买行为取得并占有民用航空器的权利，不同于前面提到的原始取得和继受取得的对民用航空器的所有权，权利人在支付约定款项或者完成约定的其他条件之前，对航空器只享有未来取得并占有的权利，不享有对航空器的所有权。这种情况主要是指购买人通过附条件买卖、分期付款买卖、租购等交易形式购买航空器，在取得该民用航空器所有权之前，对该民用航空器所享有的占有权。

(2) 根据租赁期限为六个月以上的租赁合同占有民用航空器的权利。

这里的占有民用航空器的权利，既包括根据经营性租赁合同占有民用航空器的权利，也包括根据融资租赁合同占有民用航空器的权利；但这里有一个时间限制，即不论何种租赁形式，其合同约定的租期至少应为六个月。

2. 使用

使用是指对航空器的性能加以利用。通过行使使用权，可以充分发挥航空器的经济效益，为所有人事业的发展和满足广大旅客及货主需求服务。使用权一般由所有人直接所有，也可以依法由非所有人间接所有。

3. 收益

收益是指民用航空器的所有人可通过使用民用航空器从中取得收益，如通过国际航空运输、货物运输来获得一定的经济效益。

4. 处分

处分是指民用航空器所有人可依法对航空器进行处置。行使处分权，航空器所有人可以自己使用、转让或出售自己的航空器，使用所有权消灭或让渡于他人；也可以通过订立以航空器为标的的租赁合同，将航空器的占有权、使用权转移给他人；在某些情况下，如留置、抵押，处分权也可以依法由非所有人行使。

（二）民用航空器抵押权

抵押权是不转移物的占有，为担保债权的实现而在某一特定物上设定的一种权利。它以对标的物价值的支配为内容，一般通过限制抵押人所有权的形式设定。设立抵押权的目的在于担保债务的清偿。抵押权人有权对抵押人及抵押物进行监督或检查，在必要时可直接参与对抵押物的管理。

民用航空器的抵押，是指债权人或者第三人不转移对民用航空器的占有，而将该财产作为债权的担保的行为。债务人不履行债务时，债权人有权依法以民用航空器折价或者以拍卖、变卖该财产的价款优先受偿。

三、民用航空器权利的优先权

我国《民用航空法》第十九条第一款规定："下列各项债权具有民用航空器优先权：(1) 援救该民用航空器的报酬；(2) 保管维护该民用航空器的必需费用。"《日内瓦公约》第四条第一款也有相同的规定："根据援救或者保管航空器的活动终结地的缔约国的法律，由于下列事项对航空器产生的求偿权，缔约国应当予以承认，并且此项权利优先于对该航空器的所有其他权利：援救航空器的报酬，或保管航空器必需的额外费用。"

我国民用航空器法定优先权项目，一是援救民用航空器的报酬，二是保管维护民用航空器必需的额外费用。除此之外，旅客的人身伤亡等赔偿请求均不具有民用航空器优先权。这也是民用航空器优先权的法定特点决定的，即只有法律明文规定的债权才具有民用航空器优先权。

我国《民用航空法》第二十二条规定：民用航空器优先权先于民用航空器抵押权受偿。民用航空器优先权，作为一种法定担保物权，其法定性的一个重要表现就是相对于民用航空器抵押权而言，民用航空器优先权具有较高的受偿位次。例如，针对同一民用航空器，同时既有民用航空器抵押权人的权利请求，又有民用航空器优先权的债权人的权利请求，那么享有民用航空器优先权的债权人将优先于民用航空器抵押权得到清偿。这是国际上的通行做法，并作为民用航空器优先权制度确定下来。其目的很明显，就是鼓励救助遇险的航空器，从法律上保障救助人在经济上优先得到补偿。

四、民用航空器权利登记的管理

（一）民用航空器权利登记机关

我国的民用航空器权利登记机关是国务院民用航空主管部门，现阶段是指中国民用航空局。它作为国务院负责全国民用航空事业的行政主管部门，承担我国民用航空器权利登记工作是适当的。《中华人民共和国民用航空器权利登记条例实施办法》（以下简称《实施办法》）第二条规定：中国民用航空局民用航空器权利登记职能部门（以下称登记部门），负责办理民用航空器权利登记的具体事宜。

（二）航空器权利登记簿

所谓航空器权利登记簿，是指由国务院民用航空主管部门设立的统一记载民用航空器的权利状况的法律性文件。《中华人民共和国民用航空法》第十二条规定：国务院民用航空主管部门设立民用航空器权利登记簿。同一民用航空器的权利登记事项应当记载于同一权利登记簿中。民用航空器权利登记事项，可以供公众查询、复制或者摘录。

（三）民用航空器权利登记的分类及其要求

1997 年 10 月 21 日颁布的《中华人民共和国民用航空器权利登记条例》（以下简称《条例》）第四条第一款规定："办理民用航空器所有权、占有权或者抵押权登记的，民用航空器权利人应当按照国务院民用航空主管部门的规定，分别填写民用航空器所有权、占有权或者抵押权登记申请书，并向国务院民用航空主管部门提交本条例第五条至第七条规定的相应文件。"因此，笔者认为民用航空器的权利登记分为民用航空器所有权、占有权或者抵押权登记，并且都有相应的具体要求。

1. 民用航空器所有权登记

《条例》第五条规定，办理民用航空器所有权登记的，民用航空器的所有人应当提交下列文件或者经核对无误的复印件：①民用航空器国籍登记证书；②民用航空器所有权取得的证明文件；③国务院民用航空主管部门要求提交的其他必要的有关文件。

2. 民用航空器占有权登记

《条例》第六条规定，办理民用航空器占有权登记的，民用航空器的占有人应当提交下列文件或者经核对无误的复印件：①民用航空器国籍登记证书。②民用航空器所有权登记证书或者相应的所有权证明文件；民用航空器设定抵押的，还应当提供有关证明文件。③符合《中华人民共和国民用航空法》第十一条第二项或者第三项规定的民用航空器买卖合同或者租赁合同。④国务院民用航空主管部门要求提交的其他必要的有关文件。

3. 民用航空器抵押权登记

《条例》第七条规定，办理民用航空器抵押权登记的，民用航空器的抵押权人和抵押人应当提交下列文件或者经核对无误的复印件：①民用航空器国籍登记证书；②民用航空器所有权登记证书或者相应的所有权证明文件；③民用航空器抵押合同；④国务院民用航空主管部门要求提交的其他必要的有关文件。

另外，《条例》第八条规定：就两架以上民用航空器设定一项抵押权或者就同一民用航空器设定两项以上抵押权时，民用航空器的抵押权人和抵押人应当就每一架民用航空器或者每一项抵押权分别办理抵押权登记。

（四）民用航空器权利登记的程序

《条例》第九条规定：国务院民用航空主管部门应当自收到民用航空器权利登记申请之日起 7 个工作日内，对申请的权利登记事项进行审查。经审查符合本条例规定的，应当向民用航空器权利人颁发相应的民用航空器权利登记证书，并区别情况在民用航空器权利登记簿上载明本条例第十条至第十三条规定的相应事项；经审查不符合本条例规定的，应当书面通知民用航空器权利人。

《中华人民共和国民用航空器权利登记条例实施办法》第五条第二款规定：不能及时提供有效文件的，可以现行提供复印件，但是，应当在登记部门收到相关权利登记申请书原件之日起 10 个工作日内向登记部门提交有效文件。在收齐全部有效文件之日起 7 个工作日内，登记部门依照条例规定对申请的权利登记事项完成审查，并颁发相应的民用航空器权利登记证书，对经审查不符合条例规定的，书面通知申请人。申请人未能在上述 10 个工作日内提交有效文件的，有关权利登记申请人应当重新提出申请。

（五）民用航空器权利的变更和注销登记

1. 变更登记

《条例》第十五条规定：民用航空器权利登记事项发生变更时，民用航空器权利人应当持有关的民用航空器权利登记证书和变更证明文件，向国务院民用航空主管部门办理变更登记。民用航空器抵押合同变更时，由抵押权人和抵押人共同向国务院民用航空主管部门办理变更登记。

2. 注销登记

《条例》第十七条规定，遇有下列情形之一时，民用航空器权利人应当持有关的民用航空器权利登记证书和证明文件，向国务院民用航空主管部门办理注销登记：①民用航空器所有权转移；②民用航空器灭失或者失踪；③民用航空器租赁关系终止或者民用航空器占有人停止占有；④民用航空器抵押权所担保的债权消灭；⑤民用航空器优先权消灭；⑥国务院民用航空主管部门规定的其他情形。

3. 登记的转移

我国《民用航空法》第十三条规定：除民用航空器经依法强制拍卖外，在已经登记的民用航空器权利得到补偿或者民用航空器权利人同意之前，民用航空器的国籍登记或者权利登记不得转移至国外。这样规定的目的，在于维护民用航空器权利的既有状态，充分保护我国民用航空器权利人的权利。根据本条的规定，在已经登记的民用航空器权利得到补偿或者经民用航空器权利人同意的情况下，民用航空器的国籍登记或者权利登记可以转移至国外，因为此时不存在侵害民用航空器权利人的问题。

但是“在已经登记的民用航空器权利得到补偿或者民用航空器权利人同意之前，民用航空器的国籍登记或者权利登记不得转移至国外”这一原则有一个例外，即民用航空器依法强制拍卖，也就是说，在民用航空器经依法强制拍卖的情况下，已经登记的民用航空器权利即使没有得到补偿，或者即使没有得到民用航空器权利人的同意，民用航空器的国籍登记或者权利登记依然可以转移至国外。

第三节　民用航空器的租赁问题

一、民用航空器租赁的含义与一般程序

民用航空器租赁是指民用航空器出租人通过订立一项租赁合同，将航空器租给承租人。该航空器由承租人从制造人或者供应商那儿选定，在租赁期间，出租人保持对该航空器的所有权，而承租人在一定的期间付给规定的租金，就可占有并使用该航空器。

我国《民用航空法》第二十六条规定：民用航空器租赁合同，包括融资租赁合同和其他租赁合同，应当以书面形式订立。

航空器的租赁有一定的程序，一般说来，达成一项租赁合同的手续如下：

(1) 承租人首先选定所需航空器，确定其型号、价格、供应商或者制造人及其有关交易条件。

(2) 承租人向出租人提供一份租赁申请，连同承租人的财务报表等有关资料一并交出租人审核。

(3) 申请获准以后，出租人与承租人签订租赁合同，并依照承租人的规格要求，直接向供应商或制造商购买有关航空器。

(4) 承租人在接收有关航空器以后，即可签订一份证明书，连同有关发票、保险单及首期租金交于出租人，然后由出租人清偿有关款项。

二、民用航空器的融资性租赁

我国《民用航空法》第二十七条规定：民用航空器的融资租赁，是指出租人按照承租人对供货方和民用航空器的选择，购得民用航空器，出租给承租人使用，由承租人定期交纳租金。

航空器融资租赁也称金融租赁或完全收回租赁，是一种很常见的航空器租赁方式。在这种租赁结构中，一般先由承租人选定所需航空器，确定其型号、价格、供应商或者制造商以及有关交易条件，然后由出租人用自有资金或者加上融资借贷，按谈妥的条件向供应商或制造商购买航空器，再将航空器长期租赁给承租人使用。由于这种租赁在很大程度上是通过融资的方式展开的，使用的是出租人的自有资金或者加上借贷资金，为承租人使用的航空器支付了全部价款，因此，承租人除了租金之外，事先不必支付其他费用即可获得对航空器的占有权和使用权。融资租赁航空器既可使航空公司避免出现因一次性大量投资而出现资金紧张的状况，又可以使航空公司通过支付租金的方式获得先进的航空器。

民用航空器的融资租赁的法律关系，一般可以从以下几个方面理解：

(1) 民用航空器的融资租赁至少涉及三方当事人：承租方、出租方、供货方。承租方一般是航空公司，出租方通常是金融机构，供货方通常是航空器制造公司。

(2) 民用航空器的融资租赁至少涉及两个合同关系：出租人和承租人

之间的租赁民用航空器的合同关系；出租人和供货方之间买卖民用航空器的合同关系。

(3) 在一般情况下，承租人对供货方和民用航空器有选择的权利；出租人对供货方以及购买的航空器的种类、型号、规格等没有自主选择的权利。

(4) 租赁的民用航空器的所有权和使用权分离，出租人购得民用航空器，自然享有民用航空器的所有权；承租人享有民用航空器使用权，并负有定期交纳租金的义务。

(5) 民用航空器的融资租赁是承租方在发展业务时需要航空器而资金不足，由出租方利用其资金或从银行贷款购买或者租进承租方所需要的民用航空器，然后租给承租方使用。这种租赁表面上是“融物”，实质上是“融资”，是给承租方提供一种信贷方式。出租人起着一种融通资金的作用。

三、民用航空器的经营性租赁

经营性租赁又称服务性租赁或非完全收回租赁，是由承租人根据自己的需要，从出租人那里租用航空器，在规定的期限内使用。租赁期满，承租人将航空器按租赁合同中规定的技术状况退还给出租人。经营性租赁中，出租人期望的只是在比融资性租赁较短的时期内，从航空器承租人所支付的租金中收回其部分投资成本、投资报酬及风险报酬。在航空器经营性租赁结构中，除航空器购置的初始投资完全由出租人自己解决外，出租人还得全部承担租期结束时航空器重置价值风险、承租人经营收入减少以及因承租人违约所导致的租赁期限结束之后航空器残值的风险。有鉴于此，为了转移风险，经营性租赁期间的租金要高于融资性租赁相同期间的租金。

民用航空器经营性租赁具有下列法律特征：

(1) 风险与租金形成辩证的关系。出租人承担较大的风险，承租人支付较高的租金，风险与租金是一对矛盾的统一体。

(2) 经营性租赁的期限较短，一般在 7 年以下，为承租人的经营活动提供灵活性。这样承租人就可以根据市场供求变化，增加或削减航线，及时调整机队结构和运力，合理安排航班计划，在激烈的市场竞争中立于不败之地。

（3）经营性租赁可以使承租人避免因航空器技术陈旧落后而面临的风险。现代航空工业发展很快，新的技术和新的产品不断涌现。由于经营性租赁的期限较短，承租人就有可能迅速更换新的机型，以提高经济效益。

（4）经营性租赁有利于促进承租人整体管理水平的不断提高。经营性租赁结构中的出租人拥有一大批了解世界航空运输业，在金融、管理等方面经过严格专门训练的飞行、机务、经济专家。

四、湿租外国民用航空器从事商业运输的有关规定

（一）湿租外国民用航空器的含义

1993 年 1 月 22 日以中国民用航空局令第 30 号发布的《湿租外国民用航空器从事商业运输的暂行规定》（以下简称《暂行规定》）规定："湿租外国民用航空器是指中华人民共和国民用航空承运人（以下称承租人）租赁外国民用航空承运人（以下称出租人）带机组的民用航空器，在中华人民共和国境内，从事旅客、货物、邮件航空运输的活动。按第二条规定的方式租赁民用航空器称为湿租民用航空器。湿租民用航空器必须按照本规定办理有关手续，并经中国民用航空局批准后，方可进行。未经中国民用航空局批准，任何单位和个人不得从国外湿租民用航空器。"

（二）湿租外国民用航空器的条件

1. 承租人必须具备的条件

《暂行规定》第五条规定，湿租民用航空器，承租人必须具备下列条件：

（1）在中国注册登记具有法人资格的从事客货运输的民用航空承运人；

（2）经营航空客货运输五年以上；

（3）航空器维修、使用和营运方面具有相应的设施、人员和丰富的经验。

2. 出租人必须具备的条件

《暂行规定》第六条规定，湿租民用航空器，出租人必须具备下列

条件：

（1）在出租人所属国注册登记，具有法人资格的从事客货运输的民用航空承运人；

（2）被合法指定并已经营国际航线三年（含）以上；

（3）经营航空客货运输十年以上，营运经验丰富；

（4）有严格的飞行安全管理制度，有良好的安全飞行记录；

（5）具有对湿租民用航空器的维修和航材供应能力。

3. 湿租的民用航空器必须符合的条件

《暂行规定》第七条规定，湿租的民用航空器必须符合下列条件：

（1）具有登记国合法有效的民用航空器国籍登记证，航空器外表有相应的国籍登记标志；

（2）该民用航空器所有权为出租人拥有；

（3）符合登记国民用航空主管部门正式签发的文件上载明的对该型航空器一切技术和商务要求；

（4）具有登记国民用航空主管部门颁发的有效的适航证和无线电电台执照。

第四节　民用航空器适航管理

一、民用航空器适航管理的概念和特征

民用航空具备高科技、高效益的特点，但是民用航空是高空作业，伴随而来的高风险也不可忽视。因此，必须对民用航空器的适航性进行严格规定和管理，这就需要民用航空器的适航管理。按照 1987 年 5 月 4 日国务院发布的《中华人民共和国民用航空器适航管理条例》（以下简称《条例》）第三条的规定：航空器适航管理是指航空器适航主管机关依照法律规定，对航空器从设计、定型开始，到生产、使用直至停止使用的全过程实行监督，以保证航空器始终处于适航状态的科学管理。

民用航空器的适航管理，是以保障民用航空器的安全为目标的技术管理，是国务院民用航空主管部门在制定了各种最低安全标准的基础上，对民用航空器的设计、制造、使用和维修等环节进行科学的、统一的审查、鉴定、监督和管理。

民用航空器适航管理有五个基本特征：

第一，适航管理具有权威性。适航管理所依据的适航标准和审定监督规则具有国家法律效力，所有的适航规章、标准都是强制性的，即必须执行的。适航管理部门代表国家行使这项管理权，是政府为了维护国家权威，对民用航空器的制造、使用企业所进行的监督检查。适航管理部门，必须具有高度的权威性。民用航空器的设计、制造、使用和维修单位、个人，必须服从国家适航管理部门统一、公正的管理。

第二，适航管理具有国际性。民用航空器既是国际民用航空运输的重要工具，又是国际上的重要商品。航空产品的进出口，特别是航空器生产日趋国际化，决定了各国的适航管理必然具有国际性。

第三，适航管理具有完整性。任何一个国家的适航管理部门，对航空器的设计、制造、使用、维修，直至其退役的全过程，都要实施以安全为目的的统一的闭环式审查、鉴定、监督、管理。这些过程决定了适航管理的完整性。

第四，适航管理具有动态发展性。航空科技进步和民用航空业的不断发展，要求各国适航管理部门不断改进和增加新的适航标准，适航管理也必然随之变化和发展。因此，适航管理不能是静态的、永恒不变的，而是动态发展的。

第五，适航管理具有独立性。为了保证适航管理部门在立法和执法工作上的公正性和合理性，各国适航部门几乎都是在经济上和管理体制上独立于民用航空设计、制造、使用和维修等环节之外的政府审查监督机构。

二、民用航空器适航管理的内容

民用航空器适航管理分为两类：一类为初始适航管理，另一类为持续适航管理。

（一）初始适航管理

初始适航管理是指航空器交付使用之前，民用航空器适航管理部门根据各类适航标准对航空器的设计、制造所进行的管理。这类管理主要通过颁发和控制证件的方法来进行。通常的程序为：适航管理部门受理申请人申请的项目以后，指派审查组，拟订审查计划，确定审查标准，要求或提出专用条件，现场进行符合性检查和评估，对审查合格的颁发证件。发证后对持证人要进行监督检查，必要时采取行政措施，促使持证人纠正存在的问题。

（二）持续适航管理

民用航空器的持续适航管理是指民用航空器满足初始适航管理要求，取得适航证并投入营运后，为保持它在设计制造时的基本安全标准或适航水平所进行的管理。

航空器以及航空器的使用、维修人员和单位是持续适航管理的三个主要对象。在中华人民共和国境内从事民用航空器（含航空发动机和螺旋桨，下同）的设计、生产、使用和维修的单位和个人，向中华人民共和国出口民用航空器的外国单位和个人，在中华人民共和国境外维修并在中华人民共和国注册登记的民用航空器的单位和个人，均须遵守中华人民共和国的适航管理法律、行政法规和民用航空规章。

三、民用航空器适航管理机关

从世界许多国家适航管理的情况来看，各国适航管理的主管部门和管理体制千差万别，为了保证适航管理的权威性、国际性、完整性、动态发展和其独立性，各国基本上有个共同的特点，即由管理航空运输的行业管理部门作为适航管理的部门。如美国的适航管理机构是美国联邦航空局(FAA)；英国是民用航空大臣。英、美等国对于适航管理普遍采用的是集中管理体制。

根据《中华人民共和国民用航空器适航管理条例》规定，民用航空器的适航管理由中国民用航空局负责。因此，中国民用航空局对中国民用航空器的设计、制造、使用和维修实施全面适航管理。中国民用航空局下设航空器适航司，具体负责民用航空器适航管理工作。中国民用航空局下属的地区管理局分别设有适航处，业务上受总局领导。此外，分别在上海、西安、沈阳、成都等地还设有航空器审定中心，对民用航空产品的设计进行型号合格审定，对民用航空产品的生产进行生产许可审定。

四、民用航空器运行适航管理规定

民用航空器运行是指以航行（包括驾驶、操纵航空器）为目的，使用或获准使用航空器，而不论作为所有人、使用人或其他人对航空器是否拥有合法的控制权。

根据中国民用航空总局 1995 年 5 月 12 日颁布的《民用航空器运行适航管理规定》，民用航空器在运行过程中还应该遵守以下规定。

（一）一般规定

（1）营运人应当按照民航局的规定获得批准或许可，并遵守获准的条件从事航空器运行。

（2）营运人必须遵守本规定和民航局其他有关各类人员、飞行、机场使用等方面的规定。

（3）航空器运行时，必须携带现行有效的国籍登记证、适航证和无线电电台执照原件。

（4）航空器运行期间，应当按照《民用航空器国籍和登记的规定》，始终保持其外部的国籍标志、登记标志及营运人标志的正确清晰。

（5）航空器的运行类别和使用范围，必须符合该航空器适航证的规定。

（6）投入运行的航空器必须保持该航空器的安全性始终不低于其型号合格审定基础对该航空器的最低要求。航空器改变获准的客舱布局、使用限制或载重平衡数据，必须重新取得民航局的批准或认可。

（7）投入运行的航空器必须依据其所遵循的飞行规则、预定飞行的航线、地区、目的地机场和备降机场条件等，确认其性能使用限制、仪表和设备均符合民航局的有关规定。

（8）投入运行的航空器必须遵守民航局有关民用航空器追溯性适航要求的规定。

（9）投入运行的航空器必须按照《民用航空器适航指令规定》，执行有关该航空器的适航指令所规定的检查要求、改正措施或使用限制。

(10) 投入运行的航空器必须配备与运行类别相适应的和为特殊作业所附加的经批准的航空器部件。

(11) 航空器运行时，其所有系统及航空器部件应当始终处于安全可用状态。

(12) 航空器在运行中必须携带现行有效的非缩微形式的飞行手册、最低设备清单、使用手册、外形缺损清单、快速参考手册、缺件放行指南。

(13) 航空器在型号合格审定阶段必须进行航空器评审；引进的航空器在首次颁发适航证前，也必须进行航空器评审。

(二) 营运人的适航责任

营运人是指使用航空器运行的航空器所有人或使用人。营运人应当对航空器的适航性负责，必须做到：

(1) 每次飞行前实施飞行前检查，确信航空器能够完成预定的飞行。

(2) 正确理解和使用最低设备清单，按民航局批准或认可的标准排除任何影响适航性和运行安全的故障或缺陷。

(3) 按批准的维修方案完成所有规定的维修作业内容。

(4) 完成所有适用的适航指令和民航局认为必须执行的其他持续适航要求。

(5) 按法定技术文件要求完成选择性改装工作。

(三) 民用航空器的飞行记录本

每架运行的航空器必须配备经民航局批准或认可的飞行记录本。飞行记录本每次飞行记录的内容必须保存到航空器或航空器部件报废后十二个月为止。

飞行记录至少应当包括下列内容：

(1) 民航局认为必要的，用以确信航空器可以继续安全飞行的信息。

(2) 航空器当前的维修状态说明和航空器返回使用的放行证明。

(3) 所有已经发现的影响航空器使用的信息。

(4) 必须使机组掌握的维修管理信息。

五、违反民用航空器适航管理规定的法律责任

民用航空器适航管理在民用航空活动中具有重要作用，我国的适航管理条例对此作了许多规定。民航局有权对生产、使用、维修民用航空器的单位或者个人以及取得适航证的民用航空活动进行定期检查或者抽查，对经检查不合格者，追究其责任并予以经济处罚。

（1）使用民用航空器进行飞行活动的任何单位或者具有下列情形之一的，民航局有权责令停止飞行，没收违法所得，可以并处违法所得 1 倍以上 5 倍以下的罚款；没有违法所得的，处以 10 万元以上、100 万元以下的罚款：

①民用航空器未取得适航证的；

②租用的外国民用航空器未经民航局对其原国籍登记国发给的适航证书审查认可或者另发适航证书而飞行的；

③民用航空器适航证已经失效的；

④使用民用航空器超越适航证规定范围的。

（2）有下列情形之一的，民航局可以责令停止生产、维修或者经营活动：

①未取得生产许可证书的；

②未取得维修许可证，擅自承接维修业务的；

③超过维修许可证规定的业务范围，承接维修业务的；

④由未取得维修人员执照的人员负责民用航空器的维修并放行的。

（3）将未取得型号合格证书、型号认可证书的民用航空器及其发动机、螺旋桨或者民用航空器上的设备投入生产的，民航局可以责令停止生产，没收违法所得，可以并处违法所得 1 倍以下的罚款；没有违法所得的，处以 5 万元以上、50 万元以下的罚款。

（4）民航局有权对生产、使用、维修民用航空器的单位或者个人以及取得适航证的民用航空器进行定期检查或者抽查；经检查与抽查不合格的，民航局除按照有关规定对其处罚外，还可吊销其有关证件。

（5）受到处罚的单位的上级主管机关，应当根据民航局的建议对受罚单位的主要负责人或者直接责任人员给予行政处分；情节严重，构成犯罪

的，由司法机关依法追究刑事责任。

(6) 民航局因适航管理工作的过失造成人身伤亡或者重大财产损失的，应当承担赔偿责任，并对直接责任人员给予行政处分；直接责任人员的行为构成犯罪的，由司法机关依法追究刑事责任。

(7) 民航局从事适航管理的工作人员，利用职务之便营私舞弊的，应当给予行政处分；情节严重，构成犯罪的，由司法机关依法追究刑事责任。另外，《条例》第二十六条规定：任何单位或者个人对民航局作出的罚款决定不服的，可以在接到罚款通知书之日起十五日内向民航局提请复议，也可以直接向人民法院起诉；期满不提请复议也不起诉又不执行的，民航局可以申请人民法院强制执行。

第五节　民用航空器搜寻援救和事故调查

一、民用航空器搜寻援救

（一）搜寻援救的含义

搜寻援救是指担负搜寻援救民用航空器任务的组织，为了及时有效地避免或者减少遇到紧急情况的民用航空器所造成的人员伤亡和财产损失，依照国家法律规定，对遇到紧急情况的民用航空器及时进行寻找援助的各种办法。1992 年 12 月 8 日经国务院批准，1992 年 12 月 28 日以中国民航局令第 29 号发布了《中华人民共和国搜寻援救民用航空器规定》(以下简称《规定》)。《规定》的第一条规定：为了及时有效地搜寻援救遇到紧急情况的民用航空器，避免或者减少人员伤亡和财产损失，制定本规定。

所谓民用航空器的紧急情况，《规定》将其分为情况不明、告警和遇险三个阶段：

(1) 情况不明阶段，指民用航空器的安全出现下列令人疑虑的情况：

①空中交通管制部门在规定的时间内同民用航空器没有取得联络；

②民用航空器在规定的时间内没有降落，并且没有其他信息。

（2）告警阶段，指民用航空器的安全出现下列令人担忧的情况：

①对情况不明阶段的民用航空器，仍然不能同其沟通联络；

②民用航空器的飞行能力受到损害，但是尚未达到迫降的程度；

③与已经允许降落的民用航空器失去通信联络，并且该民用航空器在预计降落时间后五分钟内没有降落。

（3）遇险阶段，指确信民用航空器遇到下列紧急和严重危险，需要立即进行援救的情况：

①根据油量计算，告警阶段的民用航空器难以继续飞行；

②民用航空器的飞行能力受到严重损害，达到迫降程度；

③民用航空器已经迫降或者坠毁。

搜寻援救组织对民用航空器的紧急情况的不同阶段，应及时有效地采取相应措施。

（二）搜寻援救服务的原则

搜寻援救的目的是尽最大可能保障遇难航空器及其人员和第三人的生命财产安全，其中人的生命安全又是第一位的。搜寻援救服务的原则对搜寻援救活动具有指导意义。搜寻援救服务主要遵循以下两项原则：

1. 人道主义原则

《国际民用航空公约》附件十二《搜寻援救》规定：在向遇险航空器事故的幸存者提供援助时，缔约国不应考虑此种航空器或幸存者的国籍。应该实行人道主义，尽一切可能提供搜寻援救服务。

2. 及时、有效原则

对遇险航空器及航空器事故的幸存者来讲，“时间就是生命”。及时、有效地采取搜寻援救措施，尽一切努力将财产损失和人员伤亡减少到最低限度，这是搜寻援救的根本目的。《规定》明确要求，搜寻援救协调中心收到民用航空器紧急情况的信息后，必须立即作出判断，采取搜寻援救措施。

（三）搜寻援救服务的组织

航空器遇险和发生事故，往往情况复杂，各种困难难以预料，因此，应调动一切可以调动的力量，共同完成搜寻援救任务。这就很有必要建立一个具有较高权威，能够指挥和调动各个援救部门和人员的援救协调中心。

《国际民用航空公约》附件十二《搜寻援救》规定，缔约国须在每一搜寻援救区中设立一个援救协调中心。同时，为了提高搜寻与援救工作效率，还建议任何时候只要能改变搜寻与援救服务的效率，缔约国应设立援救分中心。在公共电信设备不能使看到处于紧急情况的航空器的人员直接地、迅速地通知有关援救协调中心的地方，缔约国应指定适当的公共单位或私人单位充当告警哨。援救协调中心是负责促进有效地组织搜寻援救服务，并在某一搜寻援救区内协调搜寻援救工作的组织。援救分中心是在某个搜寻援救区的某一划定的地段内，为改进援救协调中心的工作而设置的一种机构，隶属于援救协调中心。告警哨是一个接受群众反映航空器处于紧急状态信息的机构。世界各国搜寻援救区都设有这样的机构，但是，由于各国国情不同，做法也不一样。例如，日本搜寻援救航空器的体制是在东京空港事务所设有援救协调中心，由警视厅、海上保安厅、防卫厅和运输省航空局紧密协作，共同进行搜寻援救业务。美国规定，在美国及其管辖区内的搜寻援救业务，由联邦航空局在美国海岸警备队与美国空军协同下，按照附件十二的标准和建议措施组织。海岸警备队和空军是负责搜寻援救的主管机构，并负有使所需设施可供使用的责任。

我国根据 1992 年发布的《中华人民共和国搜寻援救民用航空器规定》，建立中国民用航空局搜寻援救协调中心和地区管理局搜寻援救中心。现阶段中国民用航空局搜寻援救协调中心设在空中交通管理局，地区管理局搜寻援救中心设在各地区空中交通管理局。

（四）搜寻援救服务的实施

任何单位、个人发现或者收听到民用航空器遇到紧急情况的消息，应当立即通知有关地区管理局搜寻援救协调中心。发现失事的民用航空器，其位置在陆地的，应当同时通知当地政府；其位置在海上的，并应当同时通知当地海上搜寻援救组织。地区管理局搜寻援救协调中心收到民用航空器紧急情况的信息后，必须立即作出判断，根据民用航空器所处的紧急情况不同阶段，采取搜寻援救措施，并及时向民航局搜寻援救协调中心以及有关单位报告或者通报。

对于情况不明阶段的民用航空器，地区管理局搜寻援救协调中心应当采取以下措施：

（1）根据具体情况，确定搜寻的区域；

（2）通知开放有关的航空电台、导航台、定向台和雷达等设施，搜寻、掌握该民用航空器的空中位置；

（3）尽快同该民用航空器沟通联络，进行有针对性的处置。

对于告警阶段的民用航空器，地区管理局搜寻援救协调中心应当采取以下措施：

（1）立即向有关单位发出告警通知；

（2）要求担负搜寻援救任务的航空器、船舶立即进入待命执行任务状态；

（3）督促检查各种电子设施，对情况不明的民用航空器继续进行联络和搜寻；

（4）根据该民用航空器飞行能力受损情况和机长的意见，组织引导其在就近机场降落；

（5）会同接受降落的机场，迅速查明预计降落时间后五分钟内还没有降落的民用航空器的情况并进行处理。

对于遇险阶段的民用航空器，地区管理局搜寻援救协调中心应当采取以下措施：

（1）立即向有关单位发出民用航空器遇险的通知。

（2）对燃油已尽，位置仍然不明的民用航空器，分析其可能遇险的区域，并通知搜寻援救单位派人或者派航空器、船舶，立即进行搜寻援救。

（3）对飞行能力受到严重损害，达到迫降程度的民用航空器，通知搜寻援救单位派航空器进行护航，或者根据预定迫降地点，派人或航空器、船舶前往援救。

（4）对已经迫降或者失事的民用航空器，其位置在陆地的，立即报告省、自治区、直辖市人民政府；其位置在海上的，立即通报沿海有关省、自治区、直辖市的海上搜寻援救组织。

省、自治区、直辖市人民政府或者沿海省、自治区、直辖市海上搜寻援救组织收到关于民用航空器迫降或者失事的报告或者通报后，应当立即组织有关方面和当地驻军进行搜寻援救，并指定现场负责人。现场负责人的主要任务：

（1）组织抢救幸存人员。

（2）对民用航空器采取措施防火、灭火。

（3）保护好民用航空器失事现场；为抢救人员或者灭火必须变动现场时，应当进行拍照或者录像。

（4）保护好失事的民用航空器及机上人员的财物。

指派的现场负责人未到达现场的，由第一个到达现场的援救单位的有关人员担任现场临时负责人，行使现场负责人的上述职责，并负责向到达后的现场负责人移交工作。

执行搜寻援救任务的航空器与船舶、遇险待救人员、搜寻援救工作组之间，应当使用无线电进行联络。条件不具备或者无线电联络失效的，应当依照国际通用的《搜寻援救的信号》进行联络。民用航空器的紧急情况已经不存在或者可以结束搜寻援救工作的，地区管理局搜寻援救协调中心应当按照规定程序及时向有关单位发出紧急情况的通知。

二、民用航空器事故调查

我国民用航空器事故调查的主要法律依据是由中国民航局2000年7月19日公布的《民用航空器飞行事故调查规定》和国家技术监督局1993年10月16日发布的《民用航空器飞行事故等级》等规定。

（一）民用航空器事故的概念

民用航空器事故的概念，国内法和国际法的规定有所不同。国内法中航空器事故即飞行事故。根据《民用航空器飞行事故等级》的规定，飞行事故是指民用航空器在运行过程中发生人员伤亡、航空器损坏的事件。飞行事故等级是根据人员伤亡情况以及航空器损坏程度确定的。但由于各种自然原因、自己的原因或他人的原因造成的伤亡，或藏在通常供旅客和机组使用范围之外偷乘航空器而造成的伤亡除外。飞行事故的时间界限是从任何人登上航空器准备飞行直至所有这类人员下了航空器为止的时间内。在规定的时间界限内所发生的人员伤亡或航空器损坏，必须与航空器运行有关，才能定为航空器飞行事故。航空器在运行过程中发生相撞，不论损失架数多少，一律按一次飞行事故计算。事故等级按人员伤亡总数和航空器损坏最严重者确定。人员伤亡统计应包括该次飞行事故直接造成的地面人员伤亡。飞行事故可分为特别重大飞行事故、重大飞行事故和一般飞行事故。

1. 特别重大飞行事故

(1) 人员死亡，死亡人数在 40 人及其以上者；

(2) 航空器失踪，机上人员在 40 人及其以上者。

2. 重大飞行事故

(1) 人员死亡，死亡人数在 39 人及其以下者；

(2) 航空器严重损坏或迫降在无法运出的地方（最大起飞重量 5.7t 及其以下的航空器除外）；

(3) 航空器失踪，机上人员在 39 人及其以下者。

3. 一般飞行事故

(1) 人员重伤，重伤人数在 10 人及其以上者；

(2) 最大起飞重量 5.7t（含）以下的航空器严重损坏或迫降在无法运出的地方；

(3) 最大起飞重量 5.7—50t（含）的航空器一般损坏，其修复费用超过事故当时同型或同类可比新航空器价格的 10%（含）者；

(4) 最大起飞重量 50t 以上的航空器一般损坏，其修复费用超过事故当时同型或同类可比新航空器价格的 5%（含）者。

（二）事故调查的目的及原则

1. 事故调查的目的

安全是民用航空的生命，是发展民航事业的基础。防范飞行事故的发生，分析、研究造成飞行事故的原因，保证飞行安全是民航工作的永恒主题。《民用航空器事故和飞行事故征候调查规定》第四条指出："事故和事故征候调查的目的是查明原因，提出安全建议，防止类似事故的发生。""附件十三"指出："调查事故或事故征候的根本目的是预防事故和事故征候。这一活动丝毫不是确定过失和责任。"在一些国家，如加拿大，航空器事故调查与追究责任的刑事调查界限分明，为了保障事故调查的顺利进行，法律甚至规定事故调查结论不能作为追究法律责任的证据。

由此可见，航空事故调查的根本目的是总结经验教训，提出有益安全的建议，防止类似事故再次发生。

2. 事故调查的原则

（1）独立调查原则。事故调查必须独立进行，任何部门、个人不得非法干扰、阻碍调查工作的正常进行。

（2）客观调查原则。事故调查必须坚持实事求是的原则，客观、公正、科学地进行，调查不允许带有倾向性。

（3）深入调查原则。事故调查除应查明事故发生的直接原因外，还要查明事故发生、发展过程中的其他所有原因，分析这些原因的产生因素，并深入航空器设计、制造、运营、维修、人员的选拔训练，以及政府和企业的组织管理活动中。

（4）全面调查原则。事故调查不但应查明和研究与本次事故发生有关的各种原因和产生因素，还应查明和研究与本次事故无关，但在事故中暴露出来的、在其他情况下有可能对飞行安全构成威胁的所有问题，以便从事故中吸取更多的经验和教训，采取更广泛的事故预防措施。

（三）事故调查的程序和方法

1. 调查程序

（1）基本调查。基本调查就是调查组织广泛搜集与事故有关的一切资料的活动。它是事故调查的初始阶段，也是整个事故调查工作的关键阶段。

（2）整理材料。整理材料就是将基本调查所得到的一切材料进行分类、整理、查证。

（3）分析原因。根据调查材料，认真研究，去伪存真，排除疑点，找出事故的直接原因。

（4）提出结论。根据调查结果提出事故结论，明确责任者。

（5）提出安全建议。针对事故的直接原因和暴露的问题，提出预防事故的建议。

2. 调查方法

事故调查方法直接影响调查结果。正确的调查方法是查明事故原因的关键。

（1）调查前的准备工作。事故调查前，负责组织调查的领导向调查人员交代任务，明确分工，提出要求，拟出初步调查计划。同时，调查人员要准备必需的有关文件、资料和用具，如飞行手册、大比例尺地图、指北针、望远镜、照相机、小型录音机、高度尺、皮尺、放大镜、机务工具箱、钢锯、铅封、盛油容器、手电筒等。

（2）调查的主要内容。调查人员应从指挥、飞行、工程机务、气象保障和卫生保健等方面着手进行调查。

（四）事故调查结论

航空器事故调查结束后，应当由调查组提出事故结论，写出事故调查报告。由地区民用航空管理机构组织事故调查的，应当在事故发生后 90 天内向民航局提交事故调查报告。由民航局组织事故调查的，应当在事故发生后 120 天内向国务院或者国务院事故调查主管部门提交事故调查报告。事故调查报告的内容包括：

（1）事故有关情况。发生事故的时间和地点、飞机所属单位、机型机号、机长姓名、气象最低条件、空勤组成员、航线、任务性质和飞机技术状况等。

（2）事故经过情况。飞行详细经过情况、当天的天气情况、造成的人员伤亡和飞机损坏情况及事故等级。

（3）事故原因分析和主要依据。

（4）安全建议。防止类似事故的建议、教训和措施。

（5）各种必要的附件。现场照片、略图以及与该次事故直接有关的记录和资料。

按照有关规定，事故调查报告经国务院或民航局批准，或者由民航局转发后，事故调查即告结束。事故调查报告由民航局负责统一发布。同时，还应遵守“附件十三”的规定，向国际民航组织送交事故调查报告。

【思考题】

1. 简述民用航空器国籍的基本原则。
2. 简述民用航空器权利的含义及其种类。
3. 简述民用航空器适航管理的概念及其特征。
4. 简述航空器搜寻救援的基本原则。

5. 案例分析：中国公民甲某购买私人飞机一架，价值60万元人民币，并已办理了国籍登记。甲某由于资金紧张，将飞机转让给乙某。基于甲某与乙某之间的朋友关系，乙某先支付价款，由甲某暂时保管飞机。在保管飞机期间，甲某未经乙某同意，又将飞机转让给了丙公司。现乙某向法院提起诉讼，要求甲某归还该飞机，法院应当怎样处理？（提示：分别不同情况，具体分析）

第四章　民用航空人员管理法律制度

【导入案例】

伊春空难

2010年8月24日21时38分08秒，河南航空有限公司一架机型为ERJ－190，注册编号为B－3130号的飞机执行哈尔滨至伊春的VD8387班次定期客运航班任务时，在黑龙江省伊春市林都机场30号跑道进近时，在距离跑道690米处（北纬47°44′52″，东经129°02′34″）坠毁，部分乘客在飞机坠毁时被甩出机舱。机上乘客共计96人，其中儿童5人。事故造成44人遇难，52人受伤，直接经济损失30891万元。后经认定，该事故属可控飞行撞地，事故原因为飞行员失误。

根据失事现场情况判断和幸存者回忆，飞机在空中没有发生燃烧或爆炸，初步调查没有发现人为破坏迹象。河南航空有限公司于2010年8月30日公布了飞机坠毁事故遇难旅客赔偿标准，每位遇难旅客赔偿总额为96万元。

2013年11月28日，黑龙江省伊春市伊春区人民法院正式开庭审理“8·24”黑龙江伊春坠机事故，伊春空难机长齐全军受审，被认定为涉嫌重大飞行事故罪。

2014年12月19日，伊春市伊春区中级人民法院以“重大飞行事故罪”判处齐全军有期徒刑三年。

造成此次空难的直接原因：

一是机长违反河南航空有限公司《飞行运行总手册》的有关规定，在低于公司最低运行标准（根据河南航空有限公司有关规定，机长首次执行伊春机场飞行任务时能见度最低标准为 3600 米，事发前伊春机场管制员向飞行机组通报的能见度为 2800 米）的情况下，仍然实施进近。

二是飞行机组违反民航局《大型飞机公共航空运输承运人运行合格审定规则》的有关规定，在飞机进入辐射雾，未看见机场跑道，没有建立着陆所必需的目视参考的情况下，仍然穿越最低下降高度实施着陆。

三是飞行机组在飞机撞地前出现无线电高度语音提示，且未看见机场跑道的情况下，仍未采取复飞措施，继续盲目实施着陆，导致飞机撞地。

案例思考：

作为民用航空人员，应具备哪些责任意识?

民用航空人员是航空活动的组织者和航空交通运输服务的提供者，包括机长与全体机组人员在内的民用航空人员，是空中航行活动中最活跃的因素，处于十分重要的地位。本章主要介绍涉及民用航空人员的法律责任、民用航空人员训练与资格管理制度、机组与机长的职责。

第一节　民用航空人员的法律责任

一、民用航空人员的概念

民用航空人员即从事民用航空活动的空勤人员和地面人员。其中，空勤人员包括驾驶员、领航员、飞行机械人员、飞行通信员、乘务员；地面人员包括民用航空器维修人员、空中交通管制员、飞行签派员、航空电台通信员。

《中国民用航空飞行规则》对空勤人员的含义作了解释，规定空勤人员是指在飞行中的航空器上执行任务的人员；并且对《中华人民共和国民用航空法》中的空勤人员的范围作了补充，认为航空摄影员和安全保卫员也属于空勤人员。

二、民用航空人员的法律责任

法律责任是指行为人由于违法行为、违约行为或者由于法律规定而应承受的某种不利的法律后果，具有国家强制性的特点。民航人员的法律责任主要包括行政责任、民事责任与刑事责任。

（一）行政责任

作为一种履行职务行为，民航工作人员在工作中违反相关管理制度的，要接受民航部门的行政处分，从而承担相应的行政责任。

《中华人民共和国民用航空法》规定：

（1）违反本法第四十条的规定，未取得航空人员执照、体格检查合格证书而从事相应的民用航空活动的，由国务院民用航空主管部门责令停止民用航空活动，在国务院民用航空主管部门规定的限期内不得申领有关执照和证书，对其所在单位处以二十万元以下的罚款。

（2）有下列违法情形之一的，由国务院民用航空主管部门对民用航空器的机长给予警告或者吊扣执照一个月至六个月的处罚，情节较重的，可以给予吊销执照的处罚：

①机长违反本法第四十五条第一款的规定，未对民用航空器实施检查而起飞的；

②民用航空器违反本法第七十五条的规定，未按照空中交通管制单位指定的航路和飞行高度飞行，或者违反本法第七十九条的规定飞越城市上空的。

（3）民用航空器的机长或者机组其他人员有下列行为之一的，由国务院民用航空主管部门给予警告或者吊扣执照一个月至六个月的处罚：

①在执行飞行任务时，不按照本法第四十一条的规定携带执照和体格检查合格证书的；

②民用航空器遇险时，违反本法第四十八条的规定离开民用航空器的；

③违反本法第七十七条第二款的规定执行飞行任务的。

（二）民事责任

众所周知，航空公司由于航班延误或飞行事故应当向乘客承担民事责任；而民航人员在履行职务过程中，由于自身过错造成乘客人身、财物损失的，乘客同样可以要求其承担自身的民事责任。

（三）刑事责任

航空人员违反规章制度，致使发生重大飞行事故，造成严重后果的，就构成飞行重大安全事故罪，依法应承担相应的刑事责任。此外，根据具体情况，民航人员还应承担其他刑事责任。

《中华人民共和国民用航空法》第一百九十九条规定：航空人员玩忽职守，或者违反规章制度，导致发生重大飞行事故，造成严重后果的，分别依照、比照刑法第一百八十六条或者第一百一十四条的规定追究刑事责任。《中华人民共和国刑法》第一百三十一条规定：航空人员违反规章制度，致使发生重大飞行事故，造成严重后果的，处三年以下有期徒刑或者拘役；造成飞机坠毁或者人员死亡的，处三年以上七年以下有期徒刑。

《中华人民共和国民用航空法》第二百条规定：违反本法规定，尚不够刑事处罚，应当给予治安管理处罚的，依照治安管理处罚条例的规定处罚。

第二节　民用航空人员的训练与资格管理制度

一、民用航空人员资格的取得与丧失

《中华人民共和国民用航空法》规定："航空人员应当接受专门训练，经考核合格，取得国务院民用航空主管部门颁发的执照，方可担任其执照载明的工作。"（第四十条第一款）相关法律规定：

（1）空勤人员在执行飞行任务时，应当随身携带执照和体格检查合格证书，并接受国务院民用航空主管部门的查验。

（2）航空人员应当接受国务院民用航空主管部门定期或者不定期的检查和考核；经检查考核合格的，方可继续担任其执照载明的工作。

（3）空勤人员还应当参加定期的紧急程序训练。

(4) 空勤人员间断飞行的时间超过国务院民用航空主管部门规定时限的，应当经过检查和考核；乘务员以外的空勤人员还应当经过带飞。经检查、考核、带飞合格的，方可继续担任其执照载明的工作。

（一）航空人员资格的取得

按照我国《民用航空器驾驶员和飞行教员合格审定规则》的规定，民航局飞行标准部门是民航驾驶员和飞行教员审定工作机构，负责全局驾驶员、飞行教员的审定和执照、合格证的管理工作。

民航地区管理局飞行标准部门是本地区民航驾驶员和飞行教员审定工作机构，负责本地区民航驾驶员、飞行教员的审定和执照、合格证的管理工作。

《民用航空器驾驶员和飞行教员合格审定规则》还就有关执照类别和等级等作了明确的规定，且明确规定了申请执照的条件和对英语水平的要求。

《颁发空中交通管制员、航行调度员执照规则》中就空中交通管制员、航行调度员资格的取得作了规定。

颁发执照前，必须对申请人进行考核，考核分为理论考试和技术考核两项内容。考核工作按照民航主管部门的有关规定，由民用航空主管部门授权的单位和技术检查人员进行。执照申请人各科理论考试成绩（按百分制）在80分以上，技术考核各科成绩（按优、良、中、差）在“良”以上，方可发给执照。

申请人必须经民航主管当局认可的卫生部门进行体格检查，符合民航局卫生主管部门制定的标准者方可发给执照。

以上分别就飞行人员以及空中交通管制员、航行调度员的资格的取得作了简单的介绍。其他各类人员资格的取得与上述情况相似，在此就不再具体介绍，有关具体规定可参看《关于颁发航行情报员执照的暂行规定》、《颁发航空公司航行签派员执照规则》（暂行）、《民航航空电信人员执照管理规定》以及《关于颁发民航气象人员执照的暂行规定》。

（二）航空人员资格的丧失

航空人员在取得资格后因种种原因未能继续符合规定的要求和达到规定的标准，其航空人员的资格即告丧失。航空人员资格的丧失有以下几种情况，即执照的收留、收回以及自然中断和注销。这在《颁发空中交通管制员、航行调度员执照规则》附件七《执照的收留、收回以及自然中断和注销》中有明确规定。

1. 执照的收留

执照持有人有下列情况之一者，应收留其执照，收留期最长不超过一年：

(1) 执照考核部门组织的执照考核或年终例行考试不及格者；

(2) 在行为上和技术上违反航空法规，造成飞行事故者；

(3) 经授权的卫生部门检查，身体条件不符合规定标准，在其医治期间者。

2. 执照的收回

持照人有下列情况之一者，应收回其执照：

(1) 连续三次考核（补考在内）不合格者；

(2) 卫生部门鉴定持照人身体不能恢复至规定标准者；

(3) 在行为上和技术上违反航空法规，造成飞行事故，且负有直接责任者。

3. 执照的自然中断

持照人经所在单位领导批准离职超过半年以上，应视为执照自然中断。所在单位检查人员应在其执照备注页上注明自然中断的原因和时间，并签名。

持照人执照自然中断后，如要求恢复工作，所在单位检查人员必须对持照人进行检查和考核，并签署可否恢复执照的意见，报地区执照考核部门负责人审批。如不能恢复执照，应由地区执照考核部门负责人签字，上报民航局执照主管部门审批。

4. 执照的注销

持照人调离航行工作岗位改行从事其他工作，或持照人超过规定年龄应注销其执照，注销后的执照可留给本人保存。

以上就空中交通管制员、航行调度员资格的丧失作了简单的介绍，其他各类航空人员资格的丧失与此相似，本书不再赘述。

二、民用航空人员的工作时限与体检规定

（一）工作时限

为了确保飞行安全，防止飞行人员疲劳，保护飞行人员的身体健康，《中华人民共和国民用航空法》第七十七条第一款规定，民用航空器机组人员的飞行时间、执勤时间不得超过国务院民用航空主管部门规定的时限。

《公共航空运输承运人运行合格审定规则》（以下简称《规则》）就飞行时间、值勤时间以及休息时间的概念作出了明确的定义。

（1）飞行时间：指机组成员在飞机飞行期间的值勤时间，包括在座飞行时间（飞行经历时间）和不在座飞行时间。

（2）值勤时间：指机组成员在接受合格证持有人安排的飞行任务后，从报到时刻开始，到解除任务为止的连续时间。

（3）休息时间：指从机组成员到达休息地点起，到为执行下一个任务离开休息地点为止的连续时间。

另外，《规则》就飞行时间、值勤时间以及休息时间作了不同的限制。以对驾驶员飞行时间、值勤时间和休息时间为例，《规则》第一百二十一条、第四百八十三条规定：

（1）当飞行机组配备两名驾驶员时，驾驶员的值勤期限制、飞行时间限制和休息要求应当符合以下规定：

①值勤期最多14小时，该值勤期内的飞行时间不得超过8小时，但对于不多于2个航段的飞行，飞行时间可延长至9个小时。值勤期后应当安排至少10个连续小时的休息，这个休息期应当安排在该值勤期结束时刻与下一值勤期开始时刻之间。

②发生运行延误时，如驾驶员的实际值勤时间未超过14小时的限制，则该值勤期后的休息期可缩短至9小时。

③发生运行延误时，值勤期最多可延长至16小时，但该值勤期后10小时的休息期不得缩短。

（2）当飞行机组配备三名驾驶员（其中包含一名第二机长时），驾驶员的值勤期限制、飞行时间限制和休息要求应当符合以下规定：

①值勤期最多16小时，该值勤期内的飞行时间不得超过10小时，但对于中间没有经停的飞行，飞行时间可延长至12小时。值勤期后应当安排至少14个连续小时的休息，这个休息期应当安排在该值勤期结束时刻与下一值勤期开始时刻之间。

②发生运行延误时，如驾驶员的实际值勤时间未超过16小时的限制，则该值勤期后的休息期可缩短至12小时。

③发生运行延误时，值勤期最多可延长至18小时，但该值勤期后14小时的休息期不得缩短。

（3）当飞行机组配备三名驾驶员（其中包含一名第二机长），并为飞行机组提供经批准的睡眠区时，驾驶员的值勤期限制、飞行时间限制和休息要求应当符合以下规定：

①值勤期最多18小时，该值勤期内的飞行时间不得超过14小时，每个驾驶员在飞行中应当有机会在经批准的睡眠区得到休息。值勤期后应当安排至少18个连续小时的休息，这个休息期应当安排在该值勤期结束时刻与下一值勤期开始时刻之间。

②发生运行延误时，如驾驶员的实际值勤时间未超过18小时的限制，则该值勤期后的休息期可缩短至6小时。

③发生运行延误时，值勤期最多可延长至20小时，但该值勤期后18小时的休息期不得缩短。

（4）当飞行机组配备四名驾驶员，其中包含一名第二机长时，驾驶员的值勤期限制、飞行时间限制和休息要求应当符合以下规定：

①值勤期最多20小时，该值勤期内的飞行时间不得超过17小时，每个驾驶员在飞行中应当有机会在批准的睡眠区得到休息。值勤期后应当安排至少22个连续小时的休息，这个休息期应当安排在该值勤期结束时刻与下一值勤期开始时刻之间。

②发生运行延误时，如驾驶员的实际值勤时间未超过20小时的限制，则该值勤期后的休息期可缩短至20小时。

③发生运行延误时，值勤期最多可延长至22小时，但该值勤期后22小时的休息期不得缩短。

《规则》除对驾驶员的值勤期、飞行时间和休息时间作出明确的限制性规定外，还对领航员、飞行机械员、飞行通信员的值勤期、飞行时间和休息时间以及乘务员的值勤期和休息时间做了明确的规定。

（二）体检规定

《中华人民共和国民用航空法》第四十条第二款和第四十一条规定，空勤人员和空中交通管制员在取得执照前，还应当接受国务院民用航空主管部门认可的体格检查单位的检查，并取得国务院民用航空主管部门颁发的体格检查合格证书。空勤人员在执行飞行任务时，应当随身携带执照和体格检查合格证书，并接受国务院民用航空主管部门的查验。

目前，在航空体检方面适用的有三个行业标准和四个国家标准。三个行业标准分别为《民用航空飞行人员转机型、转专业体格检查鉴定标准》《民用航空安全员体格检查鉴定标准》《民用航空飞行学生体格检查鉴定标准》。这三个行业标准皆由中国民用航空总局于 1995 年 10 月 26 日发布，并于 1996 年 10 月 1 日开始施行。四个国家标准分别为《民用航空飞行人员体格检查鉴定标准》《民用航空空中乘务员体格检查鉴定标准》《民用航空空中交通管制员体格检查鉴定标准》《民用航空招收飞行学生体格检查鉴定标准》。这四个国家标准皆由国家技术监督局于 1996 年 5 月 28 日发布，并于 1996 年 10 月 1 日开始施行。

为保障民用航空空勤人员身心健康，保证飞行安全，提高飞行劳动效率，促进民用航空的发展，民航局于 1991 年 9 月 5 日又发布了《中国民用航空卫生工作规则》，并于 1992 年 1 月 1 日起施行。

由此可以看出，组织和实施航空人员体格检查是航空卫生工作的基本任务之一。《中国民用航空卫生工作规则》中所指体检鉴定工作包括空勤学生的医学选拔、空勤人员的体检鉴定，以及其他人员转做民航空勤工作的体检鉴定。

空勤人员遇有以下情况时，体检鉴定机构应按有关体检标准对其进行不定期体检鉴定：健康状况不良或发生晕厥、受伤、遇险者；住院治疗或康复疗养后需改变体检鉴定结论者；转升机型，执行特殊任务或因其他原因需要体检鉴定者。

《中国民用航空卫生工作规则》还将空勤人员体检鉴定结论分为三类，即飞行合格、飞行暂时不合格和飞行不合格。

对结论为飞行合格的，体检鉴定机构应将空勤人员体检登记表报地区管理局或民航局航空卫生行政管理机构审核并签发体检合格证。

对结论为飞行暂时不合格的，体检鉴定机构应提出进一步检查、治疗、地面观察或疗养等具体意见。

对结论为飞行不合格的，由体检鉴定机构填写空勤人员停飞医务证明书，送交该空勤人员所在单位，并报地区管理局或民航局航空卫生行政管理机构审批并签发停飞结论通知书。

根据《中国民用航空人员医学标准和体检合格证管理规则》的规定，对满足本规则相应的医学标准的申请人颁发下列体检合格证：

（1）Ⅰ级体检合格证；

（2）Ⅱ级体检合格证；

（3）Ⅲ级体检合格证，包括Ⅲa、Ⅲb 级体检合格证；

（4）Ⅳ级体检合格证，包括Ⅳa、Ⅳb 级体检合格证。

第三节　有关机组与机长的法律规定

一、对机组的主要规定

根据《中华人民共和国民用航空法》的规定，民用航空器机组由机长和其他空勤人员组成。机组的组成和人员数额，应当符合国务院民用航空主管部门的规定。

二、对机长的主要规定

机长是航空器机组的负责人。在执行飞行任务期间，机长负责领导机组的一切活动，保证遵守关于航空器飞行和运转的现行规则和规章，并对航空器及其所载人员和财产的安全负责。由于机长的责任重大，必须赋予机长相应的权力。机长具有高度权威，航空器内全体人员必须服从机长命令，听从机长指挥，维持航空器内严明的纪律和正常的秩序，以保障机长履行职责，果断采取一切必要的合理措施，正确处理意外事故和突发事件。

（一）机长的资格

《中华人民共和国民用航空法》第四十三条第一款规定：“机长应当由具有独立驾驶该型号民用航空器的技术和经验的驾驶员担任。”

《中国民用航空飞行规则》第七条第二款、第五十一条规定：“如果机组中有两名以上正驾驶员，必须指定一名机长，并且在飞行任务书中注明。”“飞行中，机长因故不能履行职务的，由仅次于机长职务的驾驶员代理机长；在下一个经停地起飞前，民用航空器所有人或者承租人应当指派新机长接任。”

另外，现行的有关国际公约中就机长资格问题作出了较为详细的规定。如规定机长只能由驾驶员担任；机长是“在飞行时间内，负责航空器的飞行和安全的驾驶员”。“每次飞行，（航空器）经营人应指定一名驾驶员担任机长。”年满 60 岁的驾驶员，不得担任定期和不定期国际航空运输飞行的航空器机长。

担任机长的驾驶员还应符合某些条件，如：

（1）在 90 天内在某型飞机上至少做过 3 次起降，才能担任该型飞机的机长。

（2）担任航路和航站飞行机长的驾驶员必须对下列各项有足够的知识：

①熟悉所飞航路和所用机场相关情况，包括地形和最低安全高度，季节性气象情况，气象、通信以及空中交通服务设备和程序，搜寻和援救程序，沿航路有关导航设备等。

②熟悉飞越人口稠密地区和飞行量密集地区上空的飞行航径，障碍物、机场布局、灯光、进近助航设备，进场、离场、等待和仪表进近程序，以及有关飞行的最低标准。

③在复杂情况下，机长应由一名取得某一机场飞行资格的驾驶员为飞行组成员或者作为机舱观察员陪同，并在该航路上各降落机场做过一次实际进近。

④应在将要执行任务的航线或航段上作为机组的飞行组成员做过一次

实际飞行。

（二）机长的职责

关于机长的职责，《中华人民共和国民用航空法》作了重要的规定。其主要内容如下：

（1）民用航空器的操作由机长负责，机长应当严格履行职责，保护民用航空器及其所载人员和财产的安全。（第四十四条第一款）

（2）飞行前，机长应当对民用航空器实施必要的检查；未经检查，不得起飞。（第四十五条第一款）

（3）民用航空器遇险时，机长有权采取一切必要措施，并指挥机组人员和航空器上其他人员采取抢救措施。在必须撤离遇险民用航空器的紧急情况下，机长必须采取措施，首先组织旅客安全离开民用航空器；未经机长允许，机组人员不得擅自离开民用航空器；机长应当最后离开民用航空器。（第四十八条）

（4）民用航空器发生事故，机长应当直接或者通过空中交通管制单位，如实将事故情况及时报告国务院民用航空主管部门。（第四十九条）

（5）机长收到船舶或者其他航空器的遇险信号，或者发现遇险的船舶、航空器及其人员，应当将遇险情况及时报告就近的空中交通管制单位并给予可能的合理的援助。（第五十条）

另外，《中国民用航空飞行规则》第九条规定：在执行飞行任务期间，机长负责领导机组的一切活动，对航空器和航空器所载人员及财产的安全、航班正常、服务质量和完成任务负责。机组全体成员必须服从机长命令，听从机长指挥。

现行的有关国际公约中就机长的职责问题作出如下规定：

（1）在飞行时，机长应对航空器的操作和安全以及航空器内所有人员的安全负责。

（2）机长应保证按规定的飞行检查制度进行详细的检查。这里的飞行检查制度，是指经营人为飞行组在各个阶段以及在紧急情况下使用而建立的检查制度，以保证航务手册、航空器飞行手册或者其他与适航证有关文件中所规定的操作程序得到遵守。

（3）机长应负责将涉及航空器的任何人员伤亡，以及使航空器或财产遭受重大损坏的任何事故，以可利用的最迅速的方法通知最近的有关部门。

(4) 机长应负责在飞行结束时将航空器上已知的或可疑的缺陷报告经营人。

(5) 机长应对“航行记录簿”或“总申报单”负责。

(6) 在发生非法干扰行为后，机长应立即向指定的地方管理部门递交有关这一行为的报告。

(7) 当机长看到另一架航空器或一艘水面船舶遇险时，除非他没有能力或根据当时情况考虑不合理或没有必要外，须采取下列行动：

①保持该遇险船舶或航空器在其视界之内，直至不再需要在场为止；

②如果不能确定其本身位置，采取行动以利于确定其位置；

③将所见险情报告援救协调中心或空中交通管制服务单位；

④按照援救协调中心或空中交通管制服务单位的指示办事。

(8) 任何时候一架航空器的机长在无线电报或无线电话上截获一则遇险信号或类似的信号时，都必须：

①记录该遇险航空器或船舶的位置（如已说明）；

②如可能，测定所发信号的方位；

③向有关援救协调中心或空中交通管制服务单位报告遇险通信并提供一切有用的情报；

④在等待指示时，可自行斟酌飞向遇险通信所给的位置。

(9) 在飞行中，对于危及航空器或人员安全的紧急情况下必须采取的违反航空器所在地国家的规章或程序的措施，机长应及时报告有关部门。如事故发生地国家提出要求，机长应向该国的有关部门提出关于这一违章情况的报告，同时向航空器登记国提交这一报告的副本。这种报告应及早提交，一般应在 10 天之内。

(10) 如果航空器在国际机场以外的地点降落，机长应按实际可能尽快向有关政府部门报告降落。

（三）机长的权力

机长的权力是机长履行职责、维护航空器内的正常秩序和良好纪律、保证航空器及其所载人员和财产安全必不可少的法律保障。在一国领空内飞行，机长的权力由该国的国内法赋予；进行国际飞行，机长的权力还必须由国际法作出相应的规定，才能得到国际社会的承认。《中华人民共和国民用航空法》就机长的权力作了明确的规定：

(1) 机长在其职权范围内发布的命令，民用航空器所载人员都应当执行。(第四十四条第二款)

(2) 飞行前，机长发现民用航空器、机场、气象条件等不符合规定，不能保证飞行安全的，有权拒绝起飞。(第四十五条第二款)

(3) 飞行中，对于任何破坏民用航空器、扰乱民用航空器内秩序、危害民用航空器所载人员或者财产安全以及其他危及飞行安全的行为，在保证安全的前提下，机长有权采取必要的适当措施。(第四十六条第一款)

(4) 飞行中，遇到特殊情况时，为保证民用航空器及其所载人员的安全，机长有权对民用航空器作出处置。(第四十六条第二款)

(5) 机长发现机组人员不适宜执行飞行任务的，为保证飞行安全，有权提出调整。(第四十七条)

(6) 民用航空器遇险时，机长有权采取一切必要措施，并指挥机组人员和航空器上其他人员采取抢救措施。(第四十八条)

另外，《中国民用航空飞行规则》第九条第二款规定，在确认航空器、气象条件、机场等情况不符合规定的最低标准，或者缺乏信心，不能保证飞行安全时，机长有权拒绝飞行。遇有复杂气象条件和发生特殊情况时，为保证旅客和航空器的安全，机长有权对航空器处置作出最后决定。在执行飞行任务过程中，发现机组成员不适宜继续飞行、有碍飞行安全时，机长有权提出将其更换。在飞行中，对于任何破坏航空器内正常秩序和纪律、触犯刑律、威胁飞行安全或妨碍执行任务的人，机长有权采取一切必要的适当措施。

【思考题】

1. 民用航空人员的法律责任有哪几类？
2. 简要介绍航空人员执照的取得和丧失。
3. 法律规定机长享有哪些权力？负有哪些职责？

第五章　民用机场管理和出入境管理法律制度

【导入案例】

我国机场发展前景

据中华人民共和国国家发展和改革委员会消息，中国民用运输机场布局规划日前已经正式印发。计划到2020年，运输机场数量达到260个左右。到2025年形成三大世界级机场群。到2030年，机场布局进一步完善，覆盖面进一步扩大，服务水平持续提升。

根据规划内容，未来将统筹东中西部机场协同发展，重点增加中西部地区机场数量，鼓励相邻地区打破行政区划分割，合建共用机场。计划到2020年，运输机场数量达260个左右，北京新机场、成都新机场等一批重大项目将建成投产，一批支线机场投入使用。到2025年，形成三大世界级机场群、10个国际枢纽、29个区域枢纽。京津冀、长三角、珠三角世界级机场群形成并快速发展，北京、上海、广州机场国际枢纽竞争力明显加强，成都、昆明、深圳、重庆、西安、乌鲁木齐、哈尔滨等国际枢纽作用显著增强。到2030年，机场布局进一步完善，覆盖面进一步扩大，服务水平持续提升。

具体内容包括，完善华北、东北、华东、中南、西南、西北六大机场群，到2025年，在现有机场基础上，新增布局机场136个，全国民用运输机场规划布局370个，规划建成320个。其中，华北机场群将规划新增沧州、介休、正蓝旗等16个机场，总数达48个。东北机场群将规划新增铁岭、四平、绥化等23个机场，总数达50个。华东机场群将规划新增嘉兴、蚌埠、瑞金、宁德、菏泽等16个机场，总数达61个。中南机场群将规划新增周口、荆州、湘西、韶关、贺州、儋州等24个机场，总数达60个。西南机场群将规划新增武隆、甘孜、威宁、楚雄等29个机场，总数达78个。西北机场群将规划新增宝鸡、平凉、共和、石嘴山、塔什库尔干、且末（兵团）等28个机场，总数达73个。同时，研究内蒙古朱日和等38个机场的布局，远期运输机场规模将达到408个左右。

另外，在规划建设中，将拓宽机场建设投融资渠道，探索政府和社会资本合作模式（PPP），充分发挥市场机制作用吸引社会资本。

据介绍，目前民航发展仍将面临资源不足的问题，尤其是以机场为主的基础设施不能满足快速增长的航空需求。

案例思考：

机场规划与建设应该遵循哪些基本原则？

民用机场是开展民航运输活动的重要场所，也是每次航空服务的起点和终点。本章主要涉及民用机场的规划与建设、使用和管理制度，机场安全检查和出入境管理的相关知识。

第一节　民用机场管理

一、民用机场概述

（一）民用机场的概念

《国际民用航空公约》附件十四关于机场的定义是：在陆地上或水面上一块划定的区域（包括各种建筑物、装置和设备），其全部或部分意图供飞机降落、起飞和地面活动之用。《中华人民共和国民用航空法》第五十三条对“民用机场”的定义是：民用机场，是指专供民用航空器起飞、降落、滑行、停放以及进行其他活动使用的划定区域，包括附属的建筑物、装置和设施。

民用机场的主要设施如下：

（1）运输服务设施。

运输服务设施主要包括候机楼和机场宾馆。候机楼划分为进港厅、出港厅、商场等区域。主要设备配置为候机楼旅客信息系统、公安监控系统、消防报警系统、旅客离港系统、安全检查设备以及登机桥、手扶电梯、行李分拣设备等，候机楼前设有停车场。

（2）场区。

场区分为供航空器起飞、滑行着陆用的飞行区，供航空器上下客货、邮件的运输区，供航空器维护修理的机务维修区。

（3）供油系统。

供油系统一般由储油库、站坪加油系统和输油管线等组成，为航空器提供加油服务。

（4）无线电通信和导航系统。

无线电通信系统主要由中心发射台、高频台和地空通信设施构成，导航系统由仪表进近系统和全向信标台/测距台以及着陆雷达、航管雷达等组成，其功能是保障航空器的通信和导航。

（5）气象保障系统。

气象保障系统由气象雷达、气象卫星云图接收站、自动观测系统以及常规气象设施组成。自动观测系统可以对机场跑道方向的能见度、云高、风向、风速、温度、露点和气压等气象要素进行实时传感、观测、预报和显示；气象雷达能够对以机场为中心的一定范围内的强烈对流天气进行探测，可为塔台管制室和区域提供图像显示，供管制员使用；卫星云图接收处理系统能对收到的信息进行数字化处理，可为有关管制室、气象台、飞行员提供大范围的云顶高度、强度、移动方向、速度及云层分布信息，为保障飞行提供客观资料。

（6）供电、供水系统。

供电、供水系统提供机场用水、用电。某些重要部门设有柴油发电机组。

（7）助航灯光。

助航灯光由变电站、室外电缆、铁塔和灯光等部分组成。跑道主降方向、次降方向设有仪表进近灯光系统，跑道上设有中线灯、边灯。端口处分别设有入口灯、末端灯、坡度灯等。

（8）安全保卫和消防援救。

机场一般都设有公安局、安检站、警卫部队、消防大队的驻场机构以及医疗救护中心等安全保卫和应急救援部门，备有应急救援方案，以保障旅客生命及财产安全。

（二）民用机场分类

1. 国际上对民用机场的分类

（1）按照机场可以接纳的机型，可以分为直升机场、短距起降机场和常规机场。

（2）按照机场的活动类型，可以分为商业机场和私人机场。商业机场是指供公众使用的机场，它是为旅客、货运和商业飞机服务的机场；而私人机场则主要是指为属于私人的小型飞机和飞行俱乐部等服务的机场。

（3）按照机场的运营范围，可以分为国际机场、国内机场和地区机场。国际机场是指为国际航班出入境而指定的机场，一般要办理海关、移民、公共卫生、动植物检疫等手续；国内机场是指只供国内航班使用的机场；地区机场则主要是指经营短程地区航班的中小城市机场，一般被认定为国内机场。

（4）按照机场在整个机场网络中所处的地位和作用，可以分为轴心机场和辐条机场。

2. 我国对民用机场的分类

我国的民用机场分为国际机场和国内机场。国际机场是指向国际民用航空组织登记并对外开放，可以接受外国航空器起降或备降的机场。国际机场又可分为国际定期航班机场（含国家门户机场）、国际定期航班备降机场、国际不定期飞行机场、国际不定期飞行备降机场和国际通用航空机场（我国暂不设）。国内机场是指我国除国际机场以外的其他一切机场，包括香港、澳门及台湾地区航线机场，国内航空干线机场，国内航空支线机场和国内通用航空机场。

依据机场所服务的航线和规模，我国的民用机场习惯上可以分为三类。第一类是连接国际、国内航线密集的大型枢纽机场，如北京首都国际机场、上海浦东国际机场、广州白云国际机场、香港国际机场、澳门国际机场等，它们是中国最主要的国际门户机场；第二类是以国内航线为主、空运吞吐量较为集中的国内干线机场，这类机场主要是指直辖市、省和自治区首府及重要工业、旅游、开放城市的机场；第三类是地方航线或支线机场，这类机场大多分布在各省、自治区地面交通欠发达地区，机场规模较小，等级较低。

《民航机场许可规定》（以下简称《许可规定》）第二条规定，民用机场包括公共航空运输机场、通用航空机场和军民合用机场的民用部分。公共航空运输机场是指既可供公共航空运输活动使用，也可供通用航空活动使用的民用机场；通用航空机场是指专供通用航空活动使用的民用机场。

根据机场经停客货航班的业务性质，机场还可分为国际机场、航班机场、通用航空机场等类型。

二、民用机场的规划与建设

1. 民用机场规划与建设的基本原则

民用机场的规划与建设既是民航运输发展的需要，也关系到城市的规划与发展；不仅要考虑城市整体规划建设的需求，也要考虑运输市场的发展。因此，民用机场建设要遵循统筹安排、合力布局与城市建设规划向协调发展的基本原则。民用机场的规划建设应该符合以下基本要求：

（1）机场总体规划应统一规划，分期建设，满足近期和远期发展的要求；机场总体规划目标年，近期为10年，远期为30年。

（2）机场总体规划在满足机场安全正常运行，提高服务水平的前提下，遵循以功能分区为主，行政区划为辅的原则；功能分区及设施系统应当布局合理，容量平衡，满足航空业务量的发展需要。

（3）机场总体规划应符合国家及民航行业的有关标准及规范的要求。

（4）机场总体规划应该符合国家国防要求。

民航局和国家发改委提出了“十三五”规划期间民用机场建设与规划的基本原则：一是加强现有机场保护。机场规划纳入城乡总体规划，根据机场运行和发展需要，预留充足的发展空间，并做好机场周边区域土地利用规划控制、净空保护、电磁环境保护、噪声敏感区域控制等工作。二是合理把握建设时机。机场的规划与建设必须结合区域经济社会发展需要，充分考虑经济结构和增长方式调整，研判机场发展趋势和目标，科学论证机场项目建设的合理时机。当机场设施容量趋于饱和，难以满足航空业务量增长需要，或者机场跑道等设施不能满足机型使用或安全运行要求时，可考虑开展机场扩容前期工作。三是优先选择改扩建方案。机场改扩建方案具有占用土地资源少、工程投资小、项目推进快、经济和社会效益更加明显等特点，在建设条件允许的情况下，机场扩容应优先选择改扩建方案。四是慎重选择迁建方案。机场需要扩容，存在受城市规划建设、周边建筑超高等限制，改扩建方案影响面广、经济性差、社会稳定风险水平高，或受地形条件限制严重，不具备原址改扩建条件的，或者受空域使用限制，实施机场改扩建后仍无法缓解矛盾等情形的，可以开展机场迁建研究论证工作。对于不符合上述情形的机场，原则上不予支持，如仍要迁建，由地方自行安排。

2. 民用机场总体规划的编制

（1）飞行区设施和净空管理符合安全运行要求。机场周围的环境必须满足机场飞行安全的需要。因此，在机场上空设立净空保护区以利飞机的飞行安全。

按照《中华人民共和国民用航空法》第五十八条的规定，禁止在依法划定的民用机场范围内和按照国家规定划定的机场净空保护区域内从事下列活动：修建可能在空中排放大量烟雾、粉尘、火焰、废气而影响飞行安全的建筑物或者设施；修建靶场、强烈爆炸物仓库等影响飞行安全的建筑物或者设施；修建不符合机场净空要求的建筑物或者设施；设置影响机场目视助航设施使用的灯光、标志或者物体；种植影响飞行安全或者影响机场助航设施使用的植物；饲养、放飞影响飞行安全的鸟类动物和其他动物；修建影响机场电磁环境的建筑物或者设施。

（2）航站区位置适中，并具备分期实施建设的方案；站坪机位与航站楼相协调，航空器地面运行顺畅；陆侧交通便捷、有序。

（3）空域规划可行，飞行程序设计合理，目视助航、通信、导航、航管、雷达和气象设施配置适当。

（4）航空器维修、货运、供油等辅助生产设施及消防、救援、安全保卫设施布局合理，直接为航空器运行、客货服务的设施靠近飞行区或站坪。

（5）供水、供电、供气、供暖、制冷、排水、通信等公用设施与城市公用设施相衔接，各系统规模及路由能够满足机场发展需求。

（6）机场与城市间的交通连接顺畅、便捷；机场内供旅客、货运、航空器维修、供油等不同使用要求的道路设置合理，避免相互干扰。

（7）根据机场噪声影响预测，做好机场内及邻近地区的土地使用规划，保持机场与周边地区协调发展。

（8）在满足机场运行和发展需要的前提下节约用地，尽可能少占耕地，减少拆迁。

（9）结合场地条件进行规划布局，竖向设计结合地形，公用设施管线布置合理；注意建筑群的相对集中和群体效果。

3. 民用机场规划建设的管理机关

全国民用机场的布局和建设规划，由国务院民用航空主管部门会同国务院其他有关部门制定，并按照国家规定的程序，经批准后组织实施。省、自治区、直辖市人民政府应当根据全国民用机场的布局和建设规划，制定本行政区域内的民用机场建设规划，并按照国家规定的程序报经批准后，将其纳入本级国民经济和社会发展规划。民用机场建设规划应当与城市建设规划相协调。新建、改建和扩建民用机场，应当符合依法制定的民用机场布局和建设规划，符合民用机场标准，并按照国家规定报经有关主管机关批准并实施。

三、民用机场总体规划的申报程序及其管理

中国民用航空局负责机场总体规划的审批管理。民航地区管理机构根据中国民用航空局授权对所辖地区内的机场总体规划进行审批。民航地区管理机构负责所辖地区机场总体规划的监督管理。机场管理机构负责本机场总体规划的组织实施。

（一）新建机场总体规划编制

1. 编制主体

新建机场的总体规划由其项目法人或建设单位负责组织编制。运行中的机场的总体规划由机场管理机构负责组织编制。编制机场总体规划应由经民航局批准的具有相应资质的单位承担。在境外注册的设计咨询机构不得独立承担国内机场的总体规划设计工作；符合资质条件的单位与境外设计咨询机构合作承担机场总体规划设计的，应当报民航局认可。项目法人、建设单位或机场管理机构在组织编制机场总体规划时，应当与当地人民政府及其有关部门、驻场单位充分协商，征求意见。各驻场单位应当积极配合建设单位或机场管理机构做好编制工作，及时反映本单位的意见、要求，并提供有关资料。

2. 规划的审批

机场总体规划由项目法人、建设单位或机场管理机构上报所在地区民航地区管理机构审核，由民航地区管理机构提出初审意见，上报民航局审批。机场总体规划经批准之后，项目法人、建设单位或机场管理机构应当于 30 天内将有关文件、规划图纸报送当地人民政府及其有关部门备案，以便于机场总体规划纳入城市总体规划。

（二）机场总体规划的管理

机场管理机构应当按照国家有关规定，依据机场总体规划，为各驻场单位提供服务。各驻场单位在机场总体规划范围内的建设项目，在立项之前，应当以书面形式征得机场管理机构的同意。机场管理机构应当按照经批准的机场总体规划进行复核，并在 15 天内作出书面审核意见。机场管理机构应当对经批准的机场总体规划的实施予以严格管理。机场管理机构应委托有资质的单位每五年对机场总体规划进行一次复核，并及时将复核意见上报所在地区民航地区管理机构，并由民航地区管理机构报民航局备案。因重大情势变迁确需变更机场总体规划，须按《民用机场总体规划管理规定》第十五条规定的程序报审，经审批后方可实施。机场管理机构应当按照本规定制订本机场总体规划实施细则，报所在地区民航地区管理机构备案。

四、我国民用机场的使用与管理

（一）我国民用机场的使用许可制度

民用机场实行机场许可制度，是加强对民用机场的管理，保障民用机场安全、正常运行的一项法律制度。按照《民用机场使用许可规定》的要求，民用机场的开放使用应当取得民用机场使用许可证。所谓民用机场使用许可证，是指由民用机场管理机构提出申请，经国务院民用航空主管部门或其授权机构审查批准后颁发的准许机场开放使用的法律文件。

中国民用航空局负责对民用机场使用许可及其相关活动的统一管理和持续监督检查。包括：①制定有关规章、标准，并依法监督检查机场运行情况；②审批并颁发飞行区指标为4E（含）以上运输机场的民用机场使用许可证；③负责运输机场名称的批准；④设立国际机场的审核；⑤法律、行政法规规定的其他有关职责。

中国民用航空地区管理局负责对所辖区域内的民用机场使用许可实施监督管理。包括：①根据民航总局授权审批颁发本辖区内飞行区指标为4D（含）以下运输机场和通用机场的民用机场使用许可证；②负责本辖区内通用机场名称的批准；③监督检查本辖区内民用机场的运行情况；④民航总局授权的其他职责。

设立国际机场，应当经中国民用航空局审核后报国务院批准。未经国务院批准对外开放的运输机场不得开展国际、香港、澳门、台湾航线航班业务。

（二）申请民用机场使用许可证的条件

按照法律规定，申请民用机场使用许可证的机场，应当具备下列基本条件：①机场管理机构具有中华人民共和国法人资格；②机场高级管理人员具备相应的资格和条件；③机场的资本构成比例符合国家有关规定；④机场内设的组织机构和管理体系完备；⑤与其运营业务相适应的飞行区、航站区、工作区以及服务设施和人员；⑥必要的空中交通服务、航行情报服务、通信导航监视、航空气象等设施和人员，符合民航总局空中交通管理部门的规定，并制定相关的运行管理程序；⑦飞行程序和运行最低标准已经批准；⑧符合《中华人民共和国民用航空安全保卫条例》规定的安全保卫设施和人员；⑨处理特殊情况的应急预案以及相应的设施和人员；⑩满足机场运行要求的安全管理系统；⑪民航总局认为必要的其他基本条件。

现有运输机场申请设立国际机场，由机场所有者或者机场管理机构征得机场所在地省（区、市）级人民政府同意后，向中国民用航空局提出申请。同时应当提交下列申请文件：①设立国际机场的必要性和可行性，机场所在区域经济、社会的发展需求；②机场安全运行和经营状况；③机场设置出入境检查检验机构及其设施的可行性。

（三）民用机场许可证的审批

申请民用机场使用许可证，机场管理机构应当报送下列文件资料：①按规定格式和要求填报民用机场使用许可证申请书；②机场管理机构（法人）及其法定代表人的名称或者姓名，高级管理人员的主要学历及工作经历等证明文件；③证明资本构成的有效文件的影印件；④机场建设的批准文件和竣工验收文件；⑤飞行程序和运行最低标准的批准文件；⑥通信导航监视、气象等设施设备开放使用的批准文件；⑦按照本规定的要求编写的民用机场使用手册（以下简称手册）；⑧持有岗位资格证书的人员简况一览表，含姓名、性别、出生日期、学历、资格证书名称、资格证书颁发机关和日期；⑨民航总局要求报送的其他必要材料。

民航总局或者民航地区管理局收到机场管理机构报送的申请民用机场使用许可证的文件资料，应当按照以下要求进行审查：①对文件资料的完整性和民用机场使用手册的格式进行审核；②对手册内容进行审查；③必要时现场核实机场管理机构所报文件材料、设施设备、人员的情况。

民航总局或者民航地区管理局应当在受理申请后，于20个工作日内作出准予颁发或者不予颁发的决定，并书面通知申请人。

民航总局或者民航地区管理局经过审查，认为机场管理机构的申请符合相关的规定，应当批准该申请，并把民用机场使用许可证、批准文件、监察员签字的手册一并交与机场管理机构。民航总局或者民航地区管理局颁发民用机场使用许可证时，手册的每一页（不含机场资料册和附图）应当由负责审核的监察员签字，手册方能生效。民航地区管理局在颁发民用机场使用许可证时应当向民航总局申请许可证编号。取得民用机场使用许可证的机场管理机构应当按照民航总局的有关规定将该机场的资料提供给航行情报服务部门予以公布。

（四）民用机场使用许可证的期限、变更和换发

民用机场许可证的有效期限为五年，自颁发之日起算。民用机场使用许可证有效期到期前 45 天，机场管理机构应当申请换发民用机场使用许可证。

有下列情况之一的，机场管理机构应当按照本规定申请变更民用机场使用许可证：①机场飞行区指标发生变化的；②机场拟使用机型超出原批准范围的；③机场道面等级号发生变化的；④机场目视助航条件发生变化的；⑤机场消防救援等级发生变化的；⑥机场使用性质发生变化的；⑦机场资本构成比例发生变化的；⑧机场名称发生变化的；⑨跑道运行类别、模式发生变化的；⑩机场所有者或者机场管理机构法定代表人发生变化的；⑪机场管理机构发生变化的。

（五）法律责任

未经民航主管部门批准，擅自使用或变更机场名称的，由民航总局或民航地区管理局责令其立即停止使用，限期改正，并视情节轻重予以警告或处以一万元以上三万元以下罚款。

未取得民用机场使用许可证而开放使用机场的，由民航总局或民航地区管理局责令停止开放使用，没收违法所得，可以并处违法所得一倍以下罚款。

机场管理机构申请民用机场使用许可证提供虚假材料的，民航总局或民航地区管理局应当注销该机场的使用许可证，没收违法所得，并可处以一万元以上三万元以下罚款。

擅自扩大机场使用范围的，民航总局或者民航地区管理局可以对机场管理机构予以警告，并可处以一万元以上三万元以下罚款。

擅自关闭或者未按规定程序关闭民用机场的，民航总局或民航地区管理局可以对民用机场管理机构予以警告，并可处以一万元以下罚款。

未按本规定的要求对民用机场的运行实行持续管理，致使机场的部分设施达不到有关技术标准要求，影响机场安全运行和正常使用的，民航总局或者民航地区管理局可以对机场管理机构给予警告，并可处以一万元以

下罚款；经警告仍不及时改进的机场管理机构，民航总局或者民航地区管理局可以责令其停止开放使用。造成事故征候或者等级事故的，由民航总局或民航地区管理局暂停该机场的使用许可证，并可以建议有关单位对直接责任者和相应主管人员给予行政处分。

未将机场资料提供给航行情报部门予以公布的，民航总局或者民航地区管理局可以对机场管理机构予以警告，并可处以一万元以下罚款。

机场管理机构未及时申请变更民用机场使用许可证的，民航总局或者民航地区管理局可以对机场管理机构予以警告，并可处以一万元以上三万元以下罚款。

运输机场擅自接受外籍航空器使用的，由民航总局或民航地区管理局责令其立即停止使用，并视情节轻重予以警告或者处以一万元以上三万元以下的罚款。

未经批准擅自关闭机场，民航总局或者民航地区管理局可以注销该机场使用许可证。

民航行政机关工作人员在民用机场使用许可管理、民用机场名称管理、设立国际机场的审核以及对民用机场的监督检查过程中玩忽职守、滥用职权、徇私舞弊的，由其所在单位或者上级主管机关给予行政处分；构成犯罪的，依法追究刑事责任。

五、我国民用机场的管理制度

（一）民用机场的管理体制

对于民用机场的管理，国际上通行的做法是实行属地化管理。以美国为例，美国的机场除不对公众开放或私人所有的之外，绝大多数分别归属于当地州、市政府，由政府组织公用事业性质的机场管理局（或港务局）作为机场管理机构。FAA 不拥有也不直接管理机场，因此不负责机场的运营和亏损补贴。一般的机场亏损由其所有者——地方政府予以补贴。因此，联邦资助仅限于机场实际的基建成本，不可用于经营成本和融资成本。资助程序不是自动进行的，无论机场是否适合资金要求，都需要责任人向 FAA 提出申请。同时，资金申请者必须表现出他是项目的积极参与者，并在FAA审查前已经拥有项目10%～25%的资本金。[①]

我国民用机场的管理长期以来采取由国家民航局统一管理的模式。伴随着中国经济的良性运转，十多年来，我国民用机场建设高速增长，新建、改扩建机场近100个，旅客吞吐量平均以每年两位数增长。有关数据表明，民航年旅客吞吐量50万人次以下的机场共101个，占民航机场总数的70.6%，其中大多数机场处于亏损状态，年旅客吞吐量10万人次以下的小型机场全部亏损。2003年6月，国家审计署对全国12个重点机场和38个支线机场进行审计时发现，大部分机场亏损严重，经营困难。已竣工投产的12个重点机场中，9家亏损，其中6家严重亏损，累计亏损额14.46亿元；而在38个支线机场中，亏损面更是高达37家，2000—2001年度累计亏损额15.27亿元。有的机场已资不抵债。有的甚至已被迫停航。造成机场项目普遍亏损的根本原因是民航体制改革不到位，机场投资建设与经营管理相脱节，难以形成决策责任机制和风险约束机制。地方政府参与项目决策和建设，但近三分之二的机场建成后由民航部门经营管理，导致在机场建设中统筹规划不够，布局不合理；建设规模和标准脱离实际，过度超前；大量举借债务，运营成本过高。

在这样的背景下，根据国务院2003年97号文《国务院关于省（区、市）民航机场管理体制和行政管理体制改革实施方案的批复》，机场的属地化管理体制改革正式开始，至2004年7月，原来归国家民航总局管理的100多个机场的属地化管理全部完成。原由民航总局直接管理的机场的国有资产和人员平稳移交地方政府管理。民航局、民航地区管理局及其派出机构只对民用机场实行行业管理。

目前，民航行业管理体制是，实行民航局和民航地区管理局二级管理的模式，民航局只作为行业主管部门对民用机场依法实行管理和监督，而地方则有省、市、县三级政府管理，企业代管，民（私）营管理等多种模式。

（二）民用机场管理的内容

机场的管理主要包括以下几个主要方面的内容。

---

① 王志清、宋昕：《美国机场投资管理体制的借鉴意义》，《中国民用航空》2005年第4期。

1. 安全保卫

民用机场是供飞机停放、起飞、降落和货物流转、人员活动的场所，民用机场的保卫工作直接关系到人员和财产的安全。因此，采取各种措施保证机场内人员和财产的安全是机场管理工作的重要内容。

根据我国民航总局 1988 年 11 月 16 日颁布实施的《民航机场治安管理工作细则》的有关规定，我国民用机场的治安管理主要包括以下要求：①在候机楼和飞行控制区内，严禁旅客携带枪支、弹药、凶器和易燃、易爆、剧毒、放射性物品及其他危害民用航空安全的危险品进入候机楼（室）、乘坐飞行或夹在行李中交运；②旅客乘机应经过安全检查，机场工作人员出入旅客隔离区，必须佩戴隔离区工作证；③停机坪禁止与飞行无关的人员和车辆进入，外部人员和车辆，如因特殊情况需要进入停机坪，须经机场公安机关批准，办理证件后方可进入；④停机坪内严禁吸烟、使用明火；⑤机场滑行道、跑道禁止行人和车辆通过；⑥停机坪为机场禁区，应在停机坪周围设置防护围障，严禁无关人员和车辆进入；⑦候机楼（室）及隔离区应有民警执勤。

2. 机场服务

民用机场应按照国家民航主管部门规定的标准，设置必要的设施，为旅客和货主提供良好的服务。机场的服务工作主要包括候机楼设施完好，机场内部舒适，航班信息显示和广播服务及时和完善，换登机牌、提取行李等服务方便快捷。另外，航班不正常时能否为旅客提供良好的餐食和住宿等服务也是衡量最佳机场的主要指标。

3. 环境保护

机场的环境保护工作是机场建设和管理工作的一项重要内容。机场在规划建设过程中就应做好环境保护工程的规划。机场环境保护的内容包括噪声影响控制、鸟害防治、污水处理、航空垃圾及机场污物处理、环境监测、绿化等。

4. 收费

对民用机场实行收费管理是国际上通用的一项制度。民用机场收费可以分为航空性业务收费和非航空性业务收费两大类。2006 年的机场收费改革中，我国取消了机场收费中一直坚持的“内外有别”的收费标准，改为以航班区分收费标准，赋予了外资航空公司“国民待遇”。此外，还统一了收费标准，并将部分定价权逐步下放到机场，最终建立“分级指导和市场调节相结合”的民用机场收费管理体制。

第二节　出入境管理

一、出入境管理的原则

（一）维护国家主权、安全和利益

维护国家主权、安全和利益主要体现在对出入境人员的管理上，出入境的国内外公民，流动于国内国外，不可避免地会对国家主权、安全、利益和社会秩序产生影响，甚至构成威胁，因此，出于对国家主权、安全、利益和社会秩序的考虑，国家在维护公民出入境权利的同时，必须对某些出入境人员作出某种程度的限制，这一原则亦为国际法所承认。依照本国法律对外国人实施管理，是维护国家主权、安全和利益的核心内容，一个国家有权决定允许或不允许外国人入境以及在什么条件下入境，有权对在其境内的外国人行使管辖权，有权阻止或限制在其境内的外国人出境，或强制出境。出入境管理中，中国公民出入境也要受到一定的限制。

（二）依法管理

出入境管理属于公安涉外管理，鉴于管理对象和管理范围的特殊性，依法管理具有特别重要的意义。出入境管理不仅要依据国内法管理，还要遵守中国已经参加或缔交的国际条约，遵循国际惯例。依法管理必须坚持以下几点：

一是必须由法律授权的国家机关实施。非法律授权的机关、单位或者个人，不得使用这种权力。二是必须在法律规定的范围内进行。也就是说，公安机关行使出入境管理职权，必须在国家制定的各项有关出入境管理法律、法规所规定的范围内行使，与出入境管理范围无关的事务，不能借助出入境管理法律、法规行使职权。三是必须严格依照法律、法规的规定行使处罚权。对出入境活动中发生的各种违法行为追究法律责任，必须根据违法行为的目的、情节、危害程度，在法定的责任范围内确定法律责任。四是必须严格依照法律、法规规定的程序进行。无论是出入境申请的受理和审批，还是出入境违法行为的处罚，公安机关都必须严格依照法定程序。如果程序上违法，将使出入境管理中的执法活动失去效力。

（三）保障出入境者的正当权益

保障出入境者的正当权益，主要是司法保障和法律适用。中国规定的司法保障手段有两种：一种是行政司法保障手段，另一种是司法程序保障手段。行政司法是指公安机关对中外公民为维护自身权益而提出的申诉、要求所作出的裁决、裁定等处理活动的制度。司法程序是指中外公民为了保护其法定权益，可以运用中国现行的民事诉讼、刑事诉讼和行政诉讼制度。中国出入境管理法律法规对保障中外公民合法权益都有明文规定。

保障出入境者的正当权益，既指保障中国公民出入境的合法权益，又指保护在中国境内的外国人的合法权益。

（四）方便往来

当今，世界各国之间相互往来越来越频繁。方便往来的目的，在于促进中外人民友好交流，利于对外开放的深入开展，利于国家的经济建设。近年来，随着出入境的中国公民逐渐增多，改革了过去的烦烦的审批手续，实行按需申领护照，大大方便了公民的出入境活动。中国与世界各国在经济、文化等各个领域的交往与合作越来越广泛，为了适应形势的需要，不断简化手续，方便人员往来。

二、出入境管理制度

（一）海关检查

海关检查，指海关在国境口岸依法对进出国境的货物、运输工具、行李物品、邮递物品和其他物品执行监督管理、代收关税和查禁走私等任务时所进行的检查。我国海关在执行任务时贯彻既严格又方便的原则，既保卫国家的政治、经济利益，维护国家主权，又便利正常往来。

旅客进出中国国境，其携带的行李物品应向海关申报。海关设立“申报”（红色通道）和“无申报”（绿色通道）通道，进出境旅客应根据海关现场公告规定选走相应的通道。不明海关规定或不知如何选择通道的旅客，应走“申报”通道通关。不论选择何种通道，旅客携带的物品均不得拒绝海关检查。持有我国政府外交、礼遇签证的旅客和海关给予免验礼遇的旅客，通关时应主动向海关出示护照和身份证件。

除海关免于监管的人员以及随同成人旅行的16周岁以下旅客以外，进出境旅客携带有应向海关申报物品的，须填写《申报单》，向海关书面申报，并选择“申报”通道通关。

进境旅客携带有下列物品的，应在《申报单》相应栏目内如实填报，将有关物品交海关验核，办理有关手续：

（1）动、植物及其产品，微生物、生物制品、人体组织、血液制品；

（2）居民旅客在境外获取的总值超过人民币5000元（含5000元，下同）的自用物品；

（3）非居民旅客拟留在中国境内的总值超过2000元的物品；

（4）酒精饮料超过1500毫升（酒精含量12度以上），或香烟超过400支，或雪茄超过100支，或烟丝超过500克；

（5）人民币现钞超过20000元，或外币现钞折合超过5000美元；

（6）分离运输行李，货物、货样、广告品；

（7）其他需要向海关申报的物品。

出境旅客携带有下列物品的，应在《申报单》的相应栏目内如实填报，并将有关物品交海关验核，办理有关手续：

（1）文物、濒危动植物及其制品、生物物种资源、金银等贵重金属；

（2）居民旅客需复带进境的单价超过5000元的照相机、摄像机、手提电脑等旅行自用物品；

（3）人民币现钞超过20000元，或外币现钞折合超过5000美元；

（4）货物、货样、广告品；

（5）其他需要向海关申报的物品。

（二）边防检查

机场边防检查是指对出入国境人员的护照、证件、签证、出入境登记卡、出入境人员携带的行李物品和财物进行检查。

边防检查的目的是保卫国家的主权和安全。

机场边防检查的内容包括：护照检查、证件检查、签证检查、出入境登记卡检查、行李物品检查等。

边防检查的程序：首先要填写一张《出境登记卡》并将自己的护照、身份证、签证等一并交给边防检查人员，由边防检查人员进行逐项检查；边防检查人员对持照人的证件进行核查（包括护照是否真实有效，签证是否真实有效，护照和身份证内容是否一致等）后在护照上加盖验讫章（该章内容包括出境口岸的名称、编号、“出境边防检查”字样和年月日等），并将出境登记卡留存于边防检查站；上述手续完毕后，将护照当面交给持照人。

（三）安全检查

安全检查是口岸检查（包括边防检查、海关检查、卫生检疫、动、植物检疫和安全检查等）的内容之一，是出入境人员必须履行的检查手续，是保障旅客人身安全的重要预防措施。

安全检查事关旅客人身安全，所以旅客都必须无一例外地经过检查后，才能允许登机。也就是说，安全检查不存在任何特殊的免检对象。所有外交人员，政府首脑和普通旅客，不分男女，国籍和等级，都必须经过安全检查。

安全检查的内容主要是检查旅客及其行李物品中是否携带枪支、弹药、易爆、腐蚀、有毒放射性等危险物品，以确保航空器及乘客的安全。安全检查必须在旅客登机前进行，拒绝检查者不准登机，损失自负。根据《关于制止和防范非法劫持航空器行为的国际公约》的规定，凡缔约国都应根据国际法和国内法，采取一切必要和可能的措施，有效地防止危害航空安全的非法行为的发生，严厉惩罚和打击犯罪行为。所以对旅客进行安全检查，是为了保障旅客本身的安全，防止非法劫持航空器事件的发生。

1. 安全检查的方法

（1）电视监测机：主要用于检查旅客的行李物品。通过检查后，工作人员在行李上贴有“XX机场行李安检”的不干胶条，然后方可办理托运手续或随身携带登机。

（2）探测检查门：用于对旅客的身体检查，主要检查旅客是否携带禁带物品。

(3) 磁性探测器：也叫手提式探测器，主要用于对旅客进行近身检查。

(4) 人工检查：即由安检工作人员对旅客行李手工翻查和男女检查员分别进行搜身检查等。

2. 安全检查的程序

(1) 行李物品检查：旅客进入机场大厅时首先将行李物品放入电视检测机的传送带上，工作人员通过电视荧光屏检查后贴上“XX机场行李安全检查”的不干胶条。

(2) 旅客证件检查：旅客办理完毕行李托运和登机手续后，将护照、机票、登机牌等交检查员核验并在登机牌上加盖安全检查印章。

(3) 手提行李物品检查：将随身携带的手提行李物品放在电视监测机的传送带上，由检查人员通过荧光屏检查。如发现有异物，须由检查人员开包检查。

(4) 旅客身体检查：旅客通过特设的探测门，进行身体检查。如发出报警声，还需用探测器再查，或重新返回，将可能发出报警声的钥匙、香烟、打火机等金属物品掏出来，直到通过时不再发出报警声为止。

(四) 卫生检疫

为防止传染病由国外传入或由国内传出，保护人身健康，各国都制定了国境卫生检疫法。我国根据《国境卫生检疫法》设立了国境卫生检疫机关，在出入境口岸依法对包括旅游者在内的有关人员及其携带的动植物和交通运输工具等实施传染病检疫、检测和卫生监督。只有经过检疫，并经卫生检疫机构许可，才能出入境。

卫生检疫主要是对机场口岸出入境人员、旅客携带物、货物、交通工具、运输设备、包装物的检验检疫和监督管理以及核生化恐怖事件应对工作；对机场口岸出入境特殊物品卫生检疫监督工作；对机场口岸入境的食品、化妆品、植物产品、食用性动物产品、食用性水生动物、用于销售的成品盆栽花卉、进口石材的检验检疫监管工作。

(五) 动植物检疫

为了保护我国农、林、牧、渔业生产和人体健康，维护对外贸易信誉，履行国际义务，防止危害动植物的病、虫、杂草及其他有害生物由国外传入或由国内传出，我国同世界各国制定了动植物检疫的法律。我国海关在边境口岸设立的口岸动植物检疫站，代表国家对出入境的动植物及其产品和运载动植物的交通工具等执行检疫任务。旅客应主动接受动植物检疫，并按有关规定出入境。

三、出入境的限制

（一）中国公民的出入境限制

（1）未持有效出境入境证件或者拒绝、逃避接受边防检查的；

（2）被判处刑罚尚未执行完毕或者属于刑事案件被告人、犯罪嫌疑人的；

（3）有未了结的民事案件，人民法院决定不准出境的；

（4）因妨害国（边）境管理受到刑事处罚或者因非法出境、非法居留、非法就业被其他国家或者地区遣返，未满不准出境规定年限的；

（5）可能危害国家安全和利益，国务院有关主管部门决定不准出境的；

（6）法律、行政法规规定不准出境的其他情形。

（二）外国人的入出境限制

外国人有下列情形之一的，不准入境：

（1）未持有效出境入境证件或者拒绝、逃避接受边防检查的；

（2）具有本法第二十一条第一款第一项至第四项规定情形的；

（3）入境后可能从事与签证种类不符的活动的；

（4）法律、行政法规规定不准入境的其他情形。

外国人有下列情形之一的，不准出境：

（1）被判处刑罚尚未执行完毕或者属于刑事案件被告人、犯罪嫌疑人的，但是按照中国与外国签订的有关协议，移管被判刑人的除外；

（2）有未了结的民事案件，人民法院决定不准出境的；

（3）拖欠劳动者的劳动报酬，经国务院有关部门或者省、自治区、直辖市人民政府决定不准出境的；

（4）法律、行政法规规定不准出境的其他情形。

第三节 机场安全检查

一、机场安全检查的含义及意义

（一）机场安全检查的含义

机场安全检查是为预防危害民用航空安全的非法行为而采取的一种防范措施。安全检查工作由机场安检部门依据国家有关规定实施。安全检查的对象为：乘坐国际、国内民航班机的中外籍旅客及其携带的行李物品；进入机场隔离区的人员及其携带物品；货主委托民航空运的货物（经国家特别准许者除外）等等。

（二）机场安全检查的意义

机场安全检查的目的是保证机场和航空器的安全。

从特定意义上讲，机场安全检查是我国反劫（炸）机工作中最重要的环节，是做好民航空防安全保卫工作的重要组成部分，它是为保障旅客、机组人员和飞机安全所采取的强制性和技术性的检查，对防范劫持、爆炸民航班机和其他危害航空安全事件的发生，有着极其重要的作用。

多年以来，世界各国民航有多起恐怖分子和犯罪分子使用爆炸物、武器等劫持或破坏飞机的事件发生，防止劫持飞机和破坏飞机成为各国政府保证民航安全飞行的重要工作。我国政府曾多次发布有关布告，并采取许多措施，来保证航空安全。

二、机场安全检查的法律规定

在《中华人民共和国民用航空法》《中华人民共和国民用航空安全保卫条例》《中国民用航空安全检查规则》中，都涉及了机场安全检查的相关内容，具体体现在以下几个方面。

（一）安检工作的原则

安检工作应当坚持安全第一、严格检查、文明执勤、热情服务的原则。

（二）安检部门及其人员

1. 安检部门的设立

设立安检部门应当经民航局审核同意并颁发民用航空安全检查许可证。民航地区管理局在民航局授权范围内行使审核权。未取得民用航空安全检查许可证，任何部门或者个人不得从事安检工作。民用航空安全检查许可证的有效期为五年，到期由颁证机关重新审核换发。

2. 安全检查仪器

安检部门使用的安全检查仪器应当经由民航局公安局会同有关部门检测。经检测合格后，凭发给的使用合格证方可使用。民航局公安局、民航地区管理局公安局或经委托的其他民航公安机关，应当会同有关部门定期对安全检查仪器的射线泄漏剂量进行检测。检测次数每年不少于一次。

3. 安检人员

从事安检工作的人员应当符合下列条件：

（1）遵纪守法，作风正派，品行良好。

（2）未受过少年管教、劳动教养或刑事处分。

（3）具有高中以上文化程度，志愿从事安检工作。

（4）年龄不得超过 25 周岁。

（5）身体健康，五官端正，男性身高在 1.65 米以上，女性身高在 1.60 米以上；无残疾，无重听，无口吃，无色盲、色弱，矫正视力在 1.0 以上。

安检人员实行岗位证书制度。没有取得岗位证书的，不可单独作为安检人员上岗执勤。对不适合继续从事安检工作的人员，应当及时调离或辞退。安检人员执勤时应当着制式服装，佩戴专门标志，服装样式和标志由民航局统一规定。安检人员执勤时应当遵守安检职业道德规范和各项工作制度，不得从事与安检工作无关的活动。

（三）安检勤务工作

1. 旅客及行李、货物的检查

对国内航班旅客，应当核查其有效乘机身份证件、客票和登机牌；对 16 岁以下未成年人，可凭其学生证、户口簿或者户口所在地公安机关出具的身份证明放行。对核查无误的旅客，应在其登机牌上加盖验讫章。

对旅客实施安检时，安检人员应当引导旅客逐个通过安全门。对通过时安全门报警的旅客，应当重复过门检查，或者使用手持金属探测器或采用手工人身检查的方法进行复查，排除疑点后方可放行。手工人身检查一般应由同性别安检人员实施。对女性旅客实施检查时，必须由女性安检人员进行。对经过手工人身检查仍有疑点的旅客，经安检部门值班领导批准后，可以将其带到安检室从严检查。检查应当由同性别的两名以上安检人员实施。

旅客的托运行李和非托运行李都必须经过安全检查仪器检查。发现可疑物品时应当开箱（包）检查，必要时也可以随时抽查。开箱（包）检查时，可疑物品的托运人或者携带者应当在场。

2. 候机隔离区安全监控

经过安全检查的旅客进入候机隔离区以前，安检部门应当对候机隔离区进行清场。安检部门应当派员在候机隔离区内巡视，对重点部位加强监控。经过安全检查的旅客应当在候机隔离区内等待登机。如遇航班延误或其他特殊原因离开候机隔离区的，再次进入时应当重新经过安全检查；因工作需要进入候机隔离区的人员，必须佩戴民航公安机关制发的候机隔离区通行证件；上述人员及其携带的物品，应当经过安全检查。安检部门应当在候机隔离区工作人员通道口派专人看守，检查进出人员。候机隔离区内的商店不得出售可能危害航空安全的商品。商店运进商品应当经过安全检查，同时接受安检部门的安全监督。

3. 民用航空器监护

执行航班飞行任务的民用航空器在客机坪短暂停留期间，由安检部门负责监护。对出港民用航空器的监护，从机务人员将民用航空器移交监护人员时开始，至旅客登机后民用航空器滑行时止；对过港民用航空器的监护，从其到达机坪时开始，到滑离（拖离）机坪时止；对执行国际、地区及特殊管理的国内航线飞行任务的进港民用航空器的监护，从其到达机坪时开始，至旅客下机完毕、机务人员开始工作为止。民用航空器监护人员应当根据航班动态按时进入监护岗位，做好民用航空器监护的准备工作。民用航空器监护人员应当坚守岗位，严格检查登机工作人员的通行证件，密切注视周围动态，防止无关人员和车辆进入监护区。在旅客登机时，协助维持秩序，防止未经过安全检查的人员和物品进入航空器；空勤人员登机时，民用航空器监护人员应当查验其“中国民航空勤登机证”。加入机组执行任务的非空勤人员，应当持有“中国民航公务乘机通行证”和本人工作证（学员证）。

【思考题】

1. 简述民用机场的定义和分类。
2. 简述民用机场规划与建设的规定。
3. 简述出入境管理的主要制度。
4. 简述机场安全检查的主要勤务工作。

第六章　民用航空运输管理与合同法律制度

【导入案例】

肖某诉南方航空机票"超售"案

2006 年 7 月 21 日，法制日报社的记者肖某以 1300 元的价格，购买中国南方航空股份有限公司当日 20 点 10 分飞往广州的 CZ3112 号航班七折机票。当肖某到机场办理登机手续时，被南航的工作人员告知，由于机票"超售"的原因，CZ3112 号航班已经满员，无法乘坐。南航的工作人员安排肖某转签中国国际航空股份有限公司某航班，但随后南航的工作人员发现国航航班发生了延误，便将肖某唤回，将其转签至南航的 CZ3110 号航班，并免费升至头等舱（头等舱机票价格为 2300 元）。等候期间，肖某被安排在头等舱休息室休息。当日 22 时 39 分，肖某乘坐南航的 CZ3110 号航班头等舱离港。此时距其原定起飞时间已近 3 个小时。

2006 年 9 月，肖某将中国南方航空股份有限公司诉至朝阳法院。肖某认为，自己从来没有听说过"超售"一事，在购票时也没有人告知自己机票已"超售"。被告对机票"超售"一事予以隐瞒，侵犯了消费者的知情权，并获取多销售机票的利益，因此南方航空股份有限公司应当承担相应的法律责任，包括：①因南方航空股份有限公司行为构成欺诈，侵犯了消费者知情权，应双倍赔偿原告经济损失即机票价款的 2 倍 2600 元；②承担原告进行专业诉讼已支付的律师费 5000 元；③在《法制日报》《经济日报》上公开赔礼道歉。

被告则认为，"超售"是国际通行的做法，能够提高航班的整体出行率，对所有乘客都有利。中国民用航空总局在自己的网站上登载的《航空旅行指南》一文，说明机票是可以超售的。如果消费者不知道，可能是公示得不够，但并不是对消费者的欺诈。机票都是在办理登机时才确定座位，根据这种惯例，航空客运合同在乘客买票时仅是成立而没有生效，只有办理了登机手续合同才生效，所以机票上的起飞时间对双方没有约束力。在肖某无法登机后，公司为其安排了免费升舱，提高了乘机待遇，延误不过2个多小时，原告根本没有损失。另外，航空业有自己的特殊规则，也不能适用《消费者权益保护法》。因此，不同意原告的诉讼请求。

朝阳法院经审理认为，原、被告之间的航空客运合同系消费性服务合同，《中华人民共和国消费者权益保护法》的规定，除与《中华人民共和国民用航空法》特别规定相冲突的之外，均应当予以适用。

“超售”使所有不特定的购票旅客均面临不能登机的风险，导致合同履行障碍，因此，超售行为不只是航空公司内部的管理手段。同时，“超售”引入我国的时间较短，并没有在公众中形成广泛认知，因此航空公司有义务将“超售”的规则向旅客进行明确、全面、充分的告知。中国民用航空总局关于“超售”的网页说明，欠缺普及性和明确性，几乎无法让不特定的社会公众了解。因此，即使存在《航空旅行指南》的超售说明，也不能免除被告对原告的告知义务。据此，可以认定被告未尽到经营者的告知义务，损害了航空客运合同中旅客的知情权。但是，就被告的这种未尽告知义务的行为是否构成欺诈问题，应当结合我国航空客运市场的现实情况综合判断。由于行业管理者将“超售”作为行业特殊规则，在向社会公开的网站上予以介绍、认可，但却未做出必要的规范和管理。在此情况下，航空公司基于市场竞争等考虑，客观上未予披露，但并非主观进行虚假宣传或故意隐瞒，因此，法院认为被告的行为不构成欺诈。

被告虽然安排原告转乘其他航班，但已延误近3个小时，构成履行迟延，应当承担违约责任。履行迟延后被告提高服务标准，仅能视为履行原合同义务，不能免除其本应承担的违约责任。关于赔偿数额，法院考虑另外安排出行、延长候机时间承受的身体劳顿、因超售增加客源的收益，判令为相当于单倍机票价格的赔偿金。关于赔礼道歉的法律责任，由于原、被告之间的争议系合同履行纠纷，没有证据表明合同履行过程中，被告侵害了原告的精神性人格权利，因此，被告不应因本案争议承担赔礼道歉的法律责任。律师费支出属原告应当承担的诉讼成本，根据现行法律缺乏由违约方承担的依据。

最终，朝阳法院作出一审判决：被告中国南方航空股份有限公司给付原告肖某违约赔偿金1300元；驳回原告肖某的其他诉讼请求。

案例思考：

1. 案例中的超售是否违反了法律的规定，侵害了消费者的权益？
2. 关于超售造成的拒载违约的法律适用问题。

民用航空运输以快速、机动、经济效益高和无法替代为显著特点，成为各国重点发展的一个重要行业。本章主要涉及民用航空运输概述、公共航空运输企业的基本知识与民航运输合同以及航空承运人的责任等相关知识。

第一节　民用航空运输概述

一、民用航空运输的含义及特点

（一）民用航空运输的含义

民用航空运输是使用航空器运送人员、货物、邮件的一种运输方式。可以用于运输的航空器有：载人气球、飞艇、飞机、直升机等。现代航空运输使用的航空器主要是飞机，其次是直升机。

航空运输是现代运输方式。民用航空运输与铁路、公路、水上和管道运输，是五大主要的运输方式，构成了整个运输业。民用航空运输业是服务性产业，属于第三产业。

民用航空运输不但在经济上具有重要意义，而且在政治上、军事上亦具有重要意义。民用航空运输是一种特殊的商业活动，国家必须在宏观上对民用航空运输实施统一管理。

（二）民用航空运输的特点

1. 快速

飞机的飞行速度快。早期的活塞式飞机所能达到的最大时速约为 600 公里；进入喷气飞机时代以后，客机的时速已提高到 1000 余公里。

2. 机动

民用航空运输不受地理条件的限制。飞机可以沟通任何距离上的两个地点；对远距离的国际、洲际旅客，可以不用换乘，进行直达运输。

3. 经济效益高

修建机场比修建铁路、公路占用土地少、投资少。此外，航空运输平时为国计民生服务，战时航空器不需任何改装，即可迅速转而为战争服务，是良好的军用和民用结合的交通工具。

4. 资金密集，成本高

民用航空运输业资金密集，是高成本的行业。民用航空运输虽是先导产业，但它的发展状况又取决于整个国民经济的发展水平。经营航空运输业，应努力降低成本，以市场为导向，确定适当的运价。发展航空运输业务，不仅要看企业自身的经济效益，同时应评估社会效益。

二、民用航空运输的主要形式

（一）国内运输和国际运输

按照运输性质及适用的法律的不同，民用航空运输可分为国内航空运输和国际航空运输。国内航空运输完全适用国内法的规定。国际航空运输除适用国内法的有关规定外，还应适用国际法的有关规定。在我国，当国际法与国内法有不同规定的时候，可以适用我国缔结或者参加的国际条约的规定；国内法和国际条约没有规定的，可以适用国际惯例。

国内航空运输和国际航空运输在公法和私法上划分的标准是不一致的，其意义也就不同。在公法上，按照《国际民用航空公约》的规定，国际航空运输是指“经过一个以上国家领土之上的空气空间的航班”所进行的运输。因此，完全在一国领土之内进行的航空运输，即为国内航空运输。在私法上，划分国内航空运输和国际航空运输的标准依照经 1955 年

《海牙议定书》修正的1929年《华沙公约》的规定，即："本公约所称的'国际运输'，系指根据各当事人所订的合同约定，不论运输中有无间断或转运，始发地点和目的地点是在两个缔约国的领土内，或者在一个缔约国领土内而在另一个缔约国、甚至非缔约国的领土内有一个约定的经停地点的任何运输。"（第一百零八条）

《中华人民共和国民用航空法》的规定如下：

"本法所称国内航空运输，是指根据当事人订立的航空运输合同，运输的出发地点、约定的经停地点和目的地点均在中华人民共和国境内的运输。"（第一百零七条）

"本法所称国际航空运输，是指根据当事人订立的航空运输合同，无论运输有无间断或者有无转运，运输的出发地点、目的地点或者约定的经停地点之一不在中华人民共和国境内的运输。"

"航空运输合同各方认为几个连续的航空运输承运人办理的运输是一个单一业务活动的，无论其形式是以一个合同订立或者数个合同订立，应当视为一项不可分割的运输。"（第一百零八条）

（二）定期航空运输和不定期航空运输

按照管理方式及法律规定的不同，民用航空运输可分为定期航空运输和不定期航空运输。定期运输一般称定期航班，又称定期飞行，指按照公布的时刻在预定的飞行时间实施、对公众开放的收费航班；不定期运输又称不定期航班、不定期飞行，指飞行时间不固定、时刻不予公布、公众可以乘坐的收费航班。

划分定期运输和不定期运输源于1944年芝加哥国际民用航空会议。《国际民用航空公约》第六条和第五条规定："除非经一缔约国特准或其他许可并遵照此项特准或许可的条件，任何定期国际航班不得在该国领土上空飞行或进入该国领土。""缔约各国同意其他缔约国的一切不从事定期国际航班飞行的航空器，在遵守本公约规定的条件下，不需要事先获准，有权飞入或飞经其领土而不降停，或作非商业性降停，但飞经国有权令其降落。"

这两条规定明显地将航空运输划分为定期航班和不定期航班并实行不同的管理办法，因而需要明确划分标准，但《国际民用航空公约》又没有就此下定义。因此，国际民用航空组织理事会于 1952 年 3 月 25 日通过了“定期国际航班”的定义，供各缔约国在适用《国际民用航空公约》第五条和第六条规定时参照。该定义于 1980 年经国际民用航空组织第二届航空运输会议修订，并于同年 9 月经国际民用航空组织大会第二十三届会议批准。

第二节　公共航空运输企业的设立及其运营管理

一、公共航空运输企业的设立

（一）公共航空运输企业的含义

公共航空运输企业，是指以营利为目的，使用民用航空器运送旅客、行李、邮件或者货物的企业法人。设立公共航空运输企业，应当向国务院民用航空主管部门申请领取经营许可证，并依法办理工商登记；未取得经营许可证的，工商行政管理部门不得办理工商登记。

（二）公共航空运输企业的设立条件

由于各国的经济发展程度不一，社会制度各异，设立公共航空运输企业所必须具备的条件也各不相同；即使同一个国家，在不同历史发展阶段，设立公共航空运输企业的条件也不完全相同。

《中华人民共和国民用航空法》第九十三条规定，设立公共航空运输企业，应当具备下列条件：

（1）有符合国家规定的适应保证飞行安全要求的民用航空器；

（2）有必需的依法取得执照的航空人员；

（3）有不少于国务院规定的最低限额的注册资本；

（4）法律、行政法规规定的其他条件。

（三）公共航空运输企业的设立程序

《中华人民共和国民用航空法》第九十二条规定：设立公共航空运输企业，应当向国务院民用航空主管部门申请领取经营许可证，并依法办理工商登记；未经取得经营许可证的，工商行政管理部门不得办理工商登记。

申请设立公共航空运输企业，应当按照《中华人民共和国民用航空法》及有关行政法规的规定，由申请设立公共航空运输企业的申请人（以下简称申请人）按下列程序办理。

1. 提出申请

申请人在申请前，应当向国务院民用航空主管部门或地区管理机构了解国家关于开办公共航空运输企业的法律和政策规定、航空运输企业的发展现状以及开办经营公共航空运输企业的条件和要求等有关情况。申请人经调查和论证，如确认必要和可能，应向国务院民用航空主管部门提出书面申请。国务院民用航空主管部门是公共航空运输企业设立的受理、审查和批准机关。

2. 批准筹建

国务院民用航空主管部门自收到申请人提出的设立申请和有关文件、资料后，根据国家有关航空运输发展政策和规划以及满足航空运输市场需求的要求，按照开办公共航空运输企业的基本条件，会同地区民用航空主管机构对申请人的申请情况进行初步审查。经审查，对具备设立公共航空运输企业可行性和必要性条件要求的，由国务院民用航空主管部门批准筹建；对不具备或不能满足相应要求和条件的，不予批准筹建。

3. 企业筹建工作

国务院民用航空主管部门对申请人下发的批准筹建的文件是申请人依法开展设立公共航空运输企业的各项筹建工作的依据，也是申请人取得经营许可证的必要前提条件。公共航空运输企业不同于其他一般企业，围绕企业运营的各项手续和大量工作，需要在正式批准运营前完成，这是由公共航空运输企业本身的特殊性决定的。因此，申请人在获准筹建公共航空运输企业的筹建期间必须严格遵守国家法律、行政法规及民用航空规章的规定，依法开展筹建活动。

4. 经营许可证的申请

筹建工作完毕并具备正式开办公共航空运输企业条件时，申请人可向国务院民用航空主管部门申请航空运输企业经营许可证书（以下称“经营许可证”）。

经营许可证是申请人从事航空运输经营活动的资格凭证。其内容记载企业名称、法定地址、使用的基地机场、企业类别、注册资本、法定代表人、经营范围、有效期限及发证机关和编号等。它是申请人依法办理工商登记的依据。

5. 办理工商登记

申请人经批准并获得经营许可证后，按照工商登记管理的规定应向企业所在地工商行政管理机关申请办理登记注册手续。经工商管理机关核发企业法人营业执照后，企业方可正式投入运营。

二、公共航空运输企业的管理

国务院民用航空主管部门对公共航空运输企业依法进行管理，主要包括航线管理、航空运价管理、航空运力管理、航空安全管理和航空服务质量监督管理。

1. 航线管理

航线是指航空运输的航班走向，通常由始发地点、经停地点、目的地点和延伸地点相连接的航迹构成。

《中华人民共和国民用航空法》第九十六条规定：公共航空运输企业申请经营定期航班运输（以下简称航班运输）的航线，暂停、终止经营航线，应当报经国务院民用航空主管部门批准。公共航空运输企业经营航班运输，应当公布班期时刻。

2. 航空运价管理

航空运价分为客运价和货运价，是指旅客、行李和货物运输的价格（或应付的款额）和适用这些运价（或应付的款额）的条件，包括代理服务和其他辅助服务的价格（或应付的款额）和条件，但邮件运输的报酬和条件除外。

《中华人民共和国民用航空法》第九十七条规定：公共航空运输企业的营业收费项目，由国务院民用航空主管部门确定。

国内航空运输的运价管理办法，由国务院民用航空主管部门会同物价主管部门制定，报国务院批准后执行。国际航空运输运价的制定按照中华人民共和国政府与外国政府签订的协定、协议的规定执行；没有协定、协议的，参照国际航空运输市场价格制定运价，报国务院民用航空主管部门批准后执行。”

3. 航空运力管理

航空运力是指在一定航线上所提供的运输能力，涉及所使用的航空器大小（业载能力）和飞行的次数（航班次数）。

根据《中华人民共和国民用航空法》第九十六条、第九十八条的规定，公共航空运输企业经营定期航班运输的航线，须经国务院民用航空主管部门批准；从事不定期航班运输，亦须经国务院民用航空主管部门批准，并不得影响航班运输的正常经营。

4. 航空安全管理

对公共航空运输企业而言，航空安全管理包括营业安全管理、飞行安全管理、航空保安管理和航空安全运输管理。

三、民用航空运输市场公平竞争的主要规定

市场经济运行的核心是竞争。通过竞争，优胜劣汰，才能发挥市场的这种基础性作用。与此同时，市场这一功能是否能发挥应有的作用，有赖于市场主体遵守竞争规则，形成公平交易的正常市场秩序。在我国，社会主义市场经济体制的建立，要打破部门、行业和地区封锁，尽快建立和完善全国统一、公平竞争、规范有序的市场体系，充分发挥市场在资源配置和结构调整中的基础性作用。

因此，在社会主义市场经济体制下，一方面要使航空企业在充分竞争的条件下进行经营，另一方面要反垄断和反不正当竞争。

《中华人民共和国反不正当竞争法》第二条、第三条规定：不正当竞争，是指经营者违反该法规定，损害其他经营者的合法权益，扰乱社会经济秩序的行为。经营者在市场交易中，应当遵循自愿、平等、公平、诚实信用原则，遵守公认的商业道德；各级人民政府应当采取措施，制止不正当竞争行为，为公平竞争创造良好的环境和条件。

20世纪90年代，我国航空运输事业发展迅速，航空公司、销售代理人、机场等企业单位，无论在规模上还是在数量上都有很大的发展，而且在其属性、管理体制和组织形式等方面呈现出多元化的局面，给我国民航事业的发展带来了生机和活力。但与此同时，由于我国航空运输市场还未

完全纳入法制化、规范化管理的轨道，不少企业单位法律观念淡薄，在航空运输生产经营和保障服务活动中采取不正当竞争手段排斥竞争对手，损害了其他企业、旅客、货主的利益，也损害了民航的整体利益，使得民用航空运输市场出现了一定的混乱现象，有些问题还相当严重和突出，影响了全行业的健康发展。因此，制定有关规定，培育航空运输市场，规范和引导航空市场主体行为，成为当务之急。中国民用航空总局根据航空运输市场存在的不正当竞争的具体情况，依据《中华人民共和国反不正当竞争法》和其他有关法律、法规，于1994年9月14日发布施行了《维护航空运输市场公平竞争暂行规定》。之后，又从1995年3月开始对《维护航空运输市场公平竞争暂行规定》进行修订，并将修改稿提交1995年4月下旬召开的全国民航改革和企业管理工作会议进行了讨论和修改，制定了《制止民用航空运输市场不正当竞争行为规定》（以下简称《规定》）。《规定》共六章二十二条，主要就民用航空运输市场行为主体的不正当竞争行为作出限制性规定。《规定》的发布实施对维护我国民用航空运输市场的正常秩序，鼓励和保护公平竞争，制止不正当竞争行为，保护经营者和旅客、货主的合法权益，保障民用航空运输市场的健康发展，加强对市场的宏观调控发挥了积极的作用。《规定》的内容主要有以下几个方面。

1. 制定的依据

《规定》是根据《中华人民共和国民用航空法》和《中华人民共和国反不正当竞争法》和其他有关法律法规的规定，结合民用航空运输市场的实际制定的。

2. 适用范围

《规定》第二条明确规定，该《规定》适用于中华人民共和国境内从事航空运输经营活动的法人和其他经济组织。第二十条专门对国外航空公司在华设立的在中国境内从事航空运输销售活动的商务办事机构作出规定，并将其列入该《规定》适用范围，对其违法经营活动的处罚作出了规定。

3. 不正当竞争行为的主体分类和表现形式

航空运输市场主体行为表现形式多种多样，《规定》仅就不同企业的典型不正当行为以列举的方式加以规定。今后，随着航空运输市场的不断发育和完善，将逐步加以修订和完善。

按照企业分类和职能的不同，《规定》将不正当竞争行为的主体划分为四种：航空运输企业、机场、销售代理人、其他企业。

（1）航空运输企业。

航空运输企业在经营活动中，不得采取下列不正当行为从事经营：

①违反国家和民航局有关国内航空运价管理规定，擅自提高或压低航空运价。

②采用财物或其他手段进行贿赂，或违反民航局有关销售代理手续费规定的最高限额，或给予对方单位或个人回扣，私设销售代理以及其他不正当促销手段销售其客票、吨位。

③为了销售本企业的客票、吨位，阻止或限制销售代理人代理销售其他航空运输企业的客票、吨位，或未经主管部门批准擅自将销售代理人划归本企业直属的客货运输销售分支机构。

④限制旅客、货主自由选择承运人，以排斥其他航空运输企业；但国家另有规定者，从其规定。

⑤利用本企业控制的计算机应用系统管理手段或通信网络控制手段，限制其他航空运输企业或销售代理人的正常运营。

⑥以高于民航局规定的有关服务收费标准或者采用财物或其他手段进行贿赂，获得航空运输保障单位的服务。

⑦收买竞争对手的职员或代理人，损害竞争对手利益。

（2）机场。

机场在航空运输生产保障活动中，不得采取下列不正当行为，损害其他企业合法权益：

①以本机场销售、值机、飞机配载代理或者其他理由，不正当限制航空运输企业的飞机起降或拒不签订提供其职责范围内的保障服务协议。

②对未与本单位签订委托地面服务代理协议的航空运输企业采取排斥、歧视性措施。

③擅自制定单方无权确定的收费项目和标准，损害旅客、货主和用户的权益。

④利用优势地位，在签订的机场委托地面服务或其他有关代理协议

中，违背平等、互利、协商一致的原则，把不公平的条款强加给对方。

⑤采用财物或其他手段进行贿赂，扩大本身业务，排挤其他竞争对手。

⑥在机场有关服务项目或商业场所经营招标活动中，与投标者相互串通，故意提高或压低标价。

（3）销售代理人。

销售代理人应当严格履行与航空运输企业签订的销售代理协议，在代理经营活动中，不得采取下列不正当行为：

①超越航空运输企业委托的代理权限，侵害其他航空运输企业、销售代理人的合法权益。

②采用财物贿赂或者在票外、账外给予对方单位或个人回扣，以及其他不正当促销手段招揽客货。

③以虚订的手段控制座位，从事客运销售，损害航空运输企业和其他销售代理人的利益。

④向委托的航空运输企业索取或收受违反民航局规定的代理手续费。

（4）其他企业。

民用航空器维修、航空油料、航材供应、航空结算、计算机和其他从事航空运输生产服务的企业，以及空中交通管制单位，都应当围绕航空运输生产，搞好各项保障和服务工作，不得采取下列不正当行为：

①擅自制定单方无权确定的收费项目和标准，损害用户权益。

②采用不正当手段，索取、收受财物或其他贿赂。

③以不正当理由制约、限制或者拒绝提供其职责范围内的保障和服务。

④对航空运输企业采取歧视性或者差别待遇。

⑤空中交通管理、航空油料等保障部门不得从事包机运输业务。

4. 对不正当竞争行为的监督检查

《规定》明确规定，对民用航空运输市场不正当竞争行为行使监督检查权的是民航局和民航地区管理局。民航局和民航地区管理局有关职能部门按规定行使监督检查权时，被检查的企业（单位）和有关当事人有如实提供有关情况和资料的义务。同时，为了加强对不正当竞争行为的监督检查，方便工作，在总则中也明确了由总局有关职能部门按职责分工，具体行使查处不正当竞争行为的职能。

5. 罚则

《规定》比较明确和详细地规定了处罚措施，具体分为两大部分。第一部分是针对不正当竞争行为主体（第十四条至第十九条），与《规定》第二章列举的不正当竞争行为相对应。处罚措施主要是经济处罚，项目有警告、责令限期改正、责令停止违法行为、没收违法所得、处以1万元以上20万元以下罚款、停飞部分航线、吊销经营许可证等。对于机场、航空器维修、航空油料、航材供应、航空结算、计算机等航空运输保障和服务单位，以及空中交通管制单位以不正当理由拒绝提供其职责范围内的保障和服务，给有关企业（单位）造成经济损失的，应赔偿经济损失。销售代理人违反规定，给对方造成经济损失的，也要赔偿。这样规定，主要是从不同行为主体的经营性质、职责及其在经营活动中所处的位置来考虑的，以利明确职责，各司其职，共同维护航空运输市场公平竞争的环境。第二部分是针对从事监督检查工作的职能部门和工作人员（第二十一条），处罚措施为行政处分和刑事处罚。目的在于避免职能部门和有关工作人员滥用职权、玩忽职守或徇私舞弊。

6. 复议制度

《规定》明确了复议程序，即当事人对处罚决定不服的，可向有关机关申请复议；对复议决定书不服的，可向人民法院直接起诉。这样规定，一是与国家的有关法律相一致；二是为了约束监督检查机关和人员，严格执法，做到依法行政。

第三节　民用航空运输合同

一、民用航空运输合同的概念及分类

（一）民用航空运输合同的概念

《中华人民共和国合同法》第二百八十八条规定：运输合同是承运人将旅客或者货物从起运地点运输到约定地点，旅客、托运人或者收货人支

付票款或者运输费用的合同。

民用航空运输合同是航空承运人与消费者（旅客、货物托运人以及收货人、邮政机构）之间，依法就提供并完成以民用航空器运送服务达成的协议。

（二）民用航空运输合同的分类

民用航空运输合同分为国内旅客运输合同、国内旅客行李运输合同、国内货物运输合同、国内邮件运输合同、国际旅客运输合同、国际旅客行李运输合同、国际货物运输合同、国际邮件运输合同。

上述八类合同，又可细分为国内定期航班旅客运输合同、国内定期航班邮件运输合同、国内包机旅客运输合同、国内包机旅客行李运输合同、国内包机货物运输合同、国内包机邮件运输合同、国际定期航班旅客运输合同、国际定期航班旅客行李运输合同、国际定期航班货物运输合同、国际定期航班邮件运输合同、国际包机旅客运输合同、国际包机旅客行李运输合同、国际包机货物运输合同、国际包机邮件运输合同。

此外，还有国内多式联运合同、国际多式联运合同等。

二、民用航空运输合同的特征

民用航空运输合同的主体，一方是承运人，另一方是旅客或者托运人。在货物运输中，还有收货人作为特殊的第三人参加法律关系（在邮件运输中，另一方当事人是邮政机构）。航空运输合同的客体是承运人的运送行为。民用航空运输合同的内容是当事人达成协议所确定的各自的权利和义务。不管何种形式，民用航空运输合同均具有以下法律特征。

（一）民用航空运输合同为双务合同

以合同双方当事人是否互负义务为划分标准，合同划分为双务合同与单务合同。双务合同，是指双方当事人彼此间互负义务的合同。它区别于仅由一方当事人负担义务，而另一方当事人完全不负担义务的单务合同。在航空运输合同中，双方当事人互负义务，承运人须将旅客或货物按照约定，安全、及时地从一地运送到另一地，旅客或托运人须向承运人支付运费和有关费用，双方的义务具有对价性。因此，航空运输合同是双务合同。在航班发生延误或旅客非自愿改变航程时，旅客之所以有权要求承运人退还票款、解除合同（退票），或请求赔偿，其根据在于合同约定，但其法理却在于航空运输合同是一种双务合同。

（二）民用航空运输合同为有偿合同

以合同双方当事人彼此间有无对价的给付为标准，合同划分为有偿合同与无偿合同。有偿合同，是双方当事人彼此向对方作出给付并互有对价的合同。它区别于仅有一方当事人作出给付、不能形成对价，或虽有双方当事人作出给付、但未能形成对价的无偿合同。在民用航空运输活动中，承运人以提供活劳动的方式满足消费者的特殊需要。航空运输合同的客体是承运人的运送行为，即承运人提供并完成的活劳动的成果。因此，这类合同属有偿合同。鉴于航空运输合同的内容本质上是一种承运人与消费者之间的财产关系，一方当事人不履行或违反合同义务，势必直接给另一方当事人造成财产上的损害，所以双方当事人均应履行各自的合同义务，并应于不履行或违反合同义务时，依法根据给对方当事人造成的财产损失程度承担相应的责任。

（三）民用航空运输合同为诺成合同

以合同成立的要件是否包含合同标的物给付为标准，合同划分为诺成合同与要物合同（又称实践合同）。诺成合同，是一旦双方当事人达成合意，随即产生债的结构的合同。它区别于除了双方当事人必须达成合意外，还必须以实际交付合同标的物为要件，债的结构才能产生的要物合同。就航空运输合同而言，其成立一般只需承运人与消费者就提供并完成特定运送服务达成合意，其生效以消费者完成取得运输凭证的有关手续之时为标志。运输凭证仅仅是证明合同成立，以及随即产生的承运人与特定消费者之间相应的法律关系客观存在的一种证据。简言之，客运合同自承运人向旅客交付客票时成立，而货运合同也一般是以托运人交付货物作为承运人履行合同义务的条件而非合同成立的条件。所以，航空运输合同为诺成合同。

（四）民用航空运输合同为格式合同

所谓格式合同，是基本内容与形式均由一方当事人为与多数人订立合同而事先制定，并在其经营或管理活动中反复使用，而作为另一方当事人不能对合同基本内容与形式做出任何变更的合同。《中华人民共和国合同法》第三十九条第二款规定："格式条款是当事人为了重复使用而预先拟订，并在订立合同时未与对方协商的条款。"

民用航空运输合同的基本内容全部由承运人事先依法律、行业惯例、经营需要单方确定，而承运人所开具的客票、行李票、货运单是订立合同和接受运输条件的凭证。从要约与承诺的主体看，承运人永远是要约人，而消费者永远是承诺人；从要约与承诺的内容看，承运人一般不会对合同基本内容做出变更，而消费者也不能对合同基本内容做出任何变更。换言之，消费者只有对合同表示接受或不予接受的权利，却没有对合同条件讨价还价的自由。进而言之，不论对于合同内容知与不知、多知或少知，消费者均要受其约束。从要约与承诺的方式看，如果承运人根据消费者请求按条件合法出具运输凭证，只要没有相反的证据表明消费者不接受要约，就应该认定消费者已就合同成立与履行做出了具有约束力的承诺。当然，只要没有相反的证据表明承运人没有做出要约或已变更其既定要约，同样应该认定承运人已就合同成立与履行做出了具有约束力的要约。承运人与消费者均无须按照传统的缔约方式对合同做出签署。在解释这种格式合同时，应依照《合同法》第三十九条至第四十一条的规定进行。

（五）民用航空运输合同是有名合同

以法律是否以特定名称命名并设有专门规范为标准划分，合同划分为有名合同（又称典型合同）与无名合同（又称非典型合同）。有名合同，是指法律对合同的类型与内容已作出明确规定，并赋予特定名称，合同当事人必须对法律规定的要素作出约定的合同。它区别于法律未对合同的类型、内容以及名称作出规定，双方当事人出于交易需要，可以自行决定合同内容，只要不违反法律、社会公共利益，法律便承认其合法效力的无名合同。航空运输合同在本质上属于一种承揽合同。世界各国，或在民法与商法中于承揽合同或工作合同名下对它的有关问题作出一般规定，或在航空法或合同法中于航空运输合同或运送合同名下对它的基本要素作出特殊规定，如合同的基本内容与形式、赔偿责任等。上述诸法律直接调整承运人与消费者之间债的结构，即他们彼此间的权利义务关系。因此，航空运输合同应属有名合同。

三、有关运输凭证的主要规定

（一）客票

《中华人民共和国民用航空法》第一百一十一条规定：客票是航空旅客运输合同订立和运输合同条件的初步证据。旅客未能出示客票、客票不符合规定或者客票遗失，不影响运输合同的存在或者有效。

《中华人民共和国民用航空法》第一百一十条规定：客票应当包括的内容由国务院民用航空主管部门规定，至少应当包括以下内容：

（1）出发地点和目的地点。

（2）出发地点和目的地点均在中华人民共和国境内，而在境外有一个或者数个约定的经停地点的，至少注明一个经停地点。

（3）旅客航程的最终目的地点、出发地点或者约定的经停地点之一不在中华人民共和国境内，依照所适用的国际航空运输公约的规定，应当在客票上声明此项运输适用该公约的，客票上应当载有该项声明。

（二）行李票

《中华人民共和国民用航空法》第一百一十二条规定：行李票是行李托运和运输合同条件的初步证据。承运人载运托运行李时，行李票可以包含在客票之内或者与客票相结合。除该法第一百一十条的规定外，行李票还应当包括下列内容：

（1）托运行李的件数和重量。

（2）需要声明托运行李在目的地点交付时的利益的，注明声明金额。

旅客未能出示行李票、行李票不符合规定或者行李票遗失，不影响运输合同的存在或者有效。

（三）航空货运单

《中华人民共和国民用航空法》第一百一十八条规定：航空货运单是航空货物运输合同订立和运输条件以及承运人接受货物的初步证据。

航空货运单上关于货物的重量、尺寸、包装和包装件数的说明具有初步证据的效力。除经过承运人和托运人当面查对并在航空货运单上注明经过查对或者书写关于货物的外表情况的说明外，航空货运单上关于货物的数量、体积和情况的说明不能构成不利于承运人的证据。

《中华人民共和国民用航空法》第一百一十五条规定：航空货运单应当包括的内容由国务院民用航空主管部门规定，至少应当包括以下内容：

（1）出发地点和目的地点。

（2）出发地点和目的地点均在中华人民共和国境内，而在境外有一个或者数个约定的经停地点的，至少注明一个经停地点。

（3）货物运输的最终目的地点、出发地点或者约定的经停地点之一不在中华人民共和国境内，依照所适用的国际航空运输公约的规定，应当在货运单上声明此项运输适用该公约的，货运单上应当载有该项声明。

四、承运人的责任、赔偿限额与免责

（一）承运人的责任与赔偿限额

1. 对旅客的责任

对旅客的责任是指承运人对旅客人身伤亡的责任，即因发生在民用航空器上或者旅客上下民用航空器过程中的事件，造成旅客人身伤亡的责任，航空承运人应该承担赔偿责任。

1999 年 5 月 28 日《蒙特利尔公约》正式签订，并于 2003 年 11 月 4 日生效。公约以统一国际航空运输规则和国际航空承运人的责任为主要内容，对华沙体制下的各项公约和议定书规定的国际航空运输规则和承运人责任制度进行了重大修改。在旅客运输责任制度的问题上，新的《蒙特利尔公约》的最大特点，是引进了一种全新的“双梯度”责任制度，即两级责任制。第一梯度对赔偿限额在 10 万特别提款权以内的人身伤亡赔偿，公约采用了 1971 年《危地马拉议定书》的无过错责任制，即不管承运人有无过错，都应承担赔偿责任，除非是由于旅客自身原因造成的。第二梯度是指，索赔人提出的索赔金额超过 10 万特别提款权的，对于超过的部分，只要承运人证明自己没有过错或者证明伤亡是有第三人造成的，承运人就不承担赔偿责任，否则，承运人就必须承担赔偿责任。在任何情况下，索赔人都必须举证，证明其提出的索赔额就是遭受其实际损失，公约规定承运人只对旅客的“身体伤害”进行赔偿，对单纯的精神损害不承担赔偿责任。

按照《国内航空运输承运人赔偿责任限额规定》的规定：对每名旅客

的赔偿责任限额为人民币 40 万元。

2. 对行李的责任

对旅客行李的责任是指承运人对行李的责任，即发生在民用航空器上或者在旅客上、下民用航空器过程中的事件，造成行李毁灭、遗失或者损坏的责任的航空承运人承担赔偿责任。

按照《国内航空运输承运人赔偿责任限额规定》的规定：

（1）行李没有办理声明价值的，承运人按照实际损失的价值进行赔偿，对旅客托运的行李的赔偿责任限额，为每公斤人民币 100 元；

（2）对每名旅客随身携带物品的赔偿责任限额为人民币 3000 元。

3. 对货物的责任

对货物的责任是指承运人对货物的责任，即因发生在航空运输期间的事件，造成货物毁灭、遗失或者损坏责任的航空承运人承担赔偿责任。所称航空运输期间，是指在机场内、民用航空器上或者机场外降落的任何地点，托运行李、货物处于承运人掌管之下的全部期间。航空运输期间，不包括机场外的任何陆路运输、海上运输、内河运输过程。但是，此种陆路运输、海上运输、内河运输是为了履行航空运输合同而装载、交付或者转运，在没有相反证据的情况下，所发生的损失视为在航空运输期间发生的损失。

按照《国内航空运输承运人赔偿责任限额规定》的规定：由于承运人的原因造成货物丢失、短缺、变质、污染、损坏，应按照下列规定赔偿：

（1）货物没有办理声明价值的，承运人按照实际损失的价值进行赔偿，对旅客托运的行李和对运输的货物的赔偿责任限额，为每公斤人民币 100 元。

（2）已向承运人办理货物声明价值的货物，按声明的价值赔偿；如承运人证明托运人的声明价值高于货物的实际价值时，按实际损失赔偿。

4. 对航班延误的责任

延误是指承运人未能按照运输合同约定的时间将旅客、行李或者货物运抵目的地点。运输合同约定的时间，一般指承运人的班机时刻表或者机票上载明的旅客抵达目的地的时间和航空货运单上载明的货物运达目的地的时间。如果航空运输合同没有明确约定具体的运达时间，就应根据完成该运输所需要的合理时间来判断是否构成延误。也就是说，本条规定的延误是不合理延误或称不正常的延误。

《中华人民共和国民用航空法》第一百二十六条的规定主要是参照了《华沙公约》第十九条和第二十条的规定。其中，《华沙公约》第十九条的内容是："承运人对旅客、行李或货物在航空运输期间因延误而产生的损失应承担责任。"

综观世界各国和各大航空公司，关于航班延误的赔偿规定和标准各不相同，但是延误的赔偿都必须基于航空公司自身原因造成的延误。根据《中华人民共和国民用航空法》第一百二十六条的规定，承运人只在因航班延误造成损失时才承担责任；如果航班延误没有造成任何损失，承运人就不承担责任。这就要求旅客负责对因航班延误给其造成的损失举证，如果旅客不能证明其损失是由航班延误造成的，就不能要求承运人承担责任；并且，因航班延误造成的损失必须是实际的经济损失，不包括因航班延误给旅客造成的精神损失。

承运人如果能够证明其本人或者其受雇人、代理人已经采取一切必要措施以避免损失的发生，或者不可能采取此种措施，可以不承担责任。具体地讲，承运人在两种情况下不承担责任：第一，承运人及其受雇人、代理人已经采取一切必要措施以避免损失的发生。例如，在航班因机械故障造成延误的情况下，承运人为旅客安排食宿、交通和通讯等，或者给旅客改签其他航空公司的航班。第二，延误是由承运人无法预料、无法控制的原因造成的，承运人不可能采取必要措施控制或阻止延误的发生。无法预料、无法控制的原因一般包括天气条件、航空器的机械故障、机组人员或机械人员的罢工等。

（二）承运人的免责

（1）旅客的人身伤亡完全是由于旅客本人的健康状况造成的，承运人不承担责任。

（2）旅客随身携带物品或者托运行李的毁灭、遗失或者损坏完全是由于行李本身的自然属性、质量或者缺陷造成的，承运人不承担责任。

（3）承运人证明货物的毁灭、遗失或者损坏完全是由于下列原因之一造成的，不承担责任：①货物本身的自然属性、质量或者缺陷；②承运人或者其受雇人、代理人以外的人包装货物的，货物包装不良；③战争或者武装冲突；④政府有关部门实施的与货物入境、出境或者过境有关的行为。

（4）在旅客、行李运输中，经承运人证明，损失是由索赔人的过错造成或者促成的，应当根据造成或者促成此种损失的过错的程度，相应免除或者减轻承运人的责任。旅客以外的其他人就旅客死亡或者受伤提出赔偿请求时，经承运人证明，死亡或者受伤是旅客本人的过错造成或者促成的，同样应当根据造成或者促成此种损失的过错的程度，相应免除或者减轻承运人的责任。在货物运输中，经承运人证明，损失是由索赔人或者代行权利人的过错造成或者促成的，应当根据造成或者促成此种损失的过错的程度，相应免除或者减轻承运人的责任。

【思考题】

1. 根据民航运输的特点，在了解我国民航运输现状的基础上分析其未来的发展趋势。

2. 了解我国公共航空运输企业的设立条件和程序。

3. 简述航空运输合同的概念和特征。

4. 试述承运人的责任、免责与赔偿限额的主要规定。

第七章　民用航空器对地面第三人损害的赔偿责任

【案例参考】

包头空难

2004年11月21日8时21分，中国东方航空云南公司CRJ－200机型B—3072号飞机，执行包头飞往上海的MU5210航班任务时，在包头机场附近坠毁，造成55人（其中有47名乘客、6名机组人员和2名地面人员）遇难，直接经济损失1.8亿元。

事故调查组通过对CRJ－200机型飞机气动性能、机翼污染物、机组操作和处置等进行分析，认为造成本次事故的原因是：飞机起飞过程中，由于机翼污染使机翼失速临界迎角减小。当飞机刚刚离地后，在没有出现警告的情况下飞机失速，飞行员未能从失速状态中改出，直至飞机坠毁。事故调查组认为，飞机在包头机场过夜时存在结霜的天气条件，机翼污染物最大可能是霜。飞机起飞前没有进行除霜（冰）。东航公司对这起事故的发生负有一定的领导和管理责任，东航云南公司在日常安全管理中存在薄弱环节。经调查认定，这是一起责任事故。

2005年10月，32名遇难者家属向美国加州高级法院提起诉讼，将中国东方航空、庞巴迪公司和飞机发动机制造商美国通用电气三家公司列为被告。2006年底，该案在美国加州高级法院达成调解协议，三名被告共赔偿32名遇难者家属1175万美元。通用电气和庞巴迪公司愿意履行调解协议，但东航方面以不方便诉讼为由，要求将此案移送中国法院受理。美国法院暂停审理，被告方共同承担的赔偿金未兑现。

2007 年 11 月 22 日，32 位遇难者家属向北京市第二中级人民法院递交诉状，索赔 1175 万美元并要求支付相关利息，未获立案。数月后，遇难者家属再次向北京市第二中级人民法院递交诉状，依然未获立案。

2008 年 6～7 月份，遇难者家属选择东航方面所在地上海市作为起诉地，并向上海市第一中级人民法院递送材料，后被寄回。其间，美国法院认为，中国法院作为可替代性法院，更方便审理此案，因此出具诉讼中止令；并表示如果中国法院拒绝审理，美国法院将恢复审理此案。2009 年 3 月，32 名遇难者的家属再次向北京市第二中级人民法院提交诉讼材料。2009 年 8 月，北京市第二中级人民法院正式受理此案。

2011 年 8 月 25 日，北京市第二中级人民法院开始庭前调查。同年 10 月25 日，原、被告双方在北京市第二中级人民法院进行证据交换。

该案中，还有一个特殊的“第三人”——包头南海公园的境遇也值得关注。

“塞外西湖”南海公园位于包头市东河区南侧，距离黄河约一公里。1985 年命名为“南海”。总面积约 30000 亩，其中水面 7000 多亩，草地 23000 亩，年可接待游客 50 万人次，被誉为“塞外西湖”。2001 年，南海旅游风景区被国家旅游局评为国家 AAA 级旅游景区，同年由内蒙古自治区政府批准晋升为省级湿地自然保护区。包头空难发生后，南海污染逐渐由水面向底泥扩散，由局部向整个湖面蔓延，南海公园因此全面停业。受南海公园管理处委托，中国环境科学院于 2004 年对南海湖水环境、水生态和公众心理进行调查，最终出具了生态环境影响调查报告及环保方案设计书。该报告认定：东方航空公司的空难事故造成南海公园水系严重污染，生态系统受到严重破坏，总体水质恶化，各类经济损失总计 1.052 亿元。

针对水污染、营业中断损失、重大项目合同损失等处理方案，东航与南海公园就此展开了一场长达 35 轮的马拉松式谈判。

2006 年 9 月 29 日，中国东方航空云南公司、中国财险股份有限公司与包头市政府在呼和浩特签订了《包头“11·21”空难地面第三者损害赔偿最终协议》，其中就空难所造成的南海公园水污染问题达成赔偿协议：一致同意南海公园湖水水体污染治理费用为人民币 2140 万元。

考虑到包头市财政困难和包头市南海公园由于空难造成不能正常营业、职工工资支付困难、三项保险费用无力支付、蒙古包等设施受损以及东河区及其所辖单位提出的所有的索赔请求，再一次性补偿包头市人民政府人民币 300 万元。协议称，至此，围绕包头空难地面第三者损害赔偿全部解决。作为我国首例因为空难而引发的环境污染索赔案，经过中国东方航空公司和内蒙古自治区有关部门的共同努力，终于告一段落。

案例思考：

什么是“第三人”？对第三人的赔偿是否与对旅客的赔偿原则一致？

本章主要涉及第三人的含义和责任承担的原则，赔偿范围和限额等。

第一节　民用航空器对地面第三人损害的责任赔偿概述

一、对地面第三人损害的含义

（一）第三人的概念与内涵

在这里，所谓地面或水面上的人就是第三人。也就是说，在航空运输中，航空承运人与旅客或者托运人以及收货人之间是一种航空运输合同关系，而航空运输合同当事人之外的都是第三人。《中华人民共和国民用航空法》第一百五十八条规定：“本法第一百五十七条规定的赔偿责任，由民用航空器的经营人承担。”即航空器对第三人造成损害，航空器经营人要依法承担责任。

在航空作业中，航空作业经营人与航空作业使用人依法订立航空作业合同，他们之间的权利义务关系由合同约定。合同关系之外的都是第三人。航空器对第三人造成损害，航空器经营人亦要依法承担责任。

（二）对地面第三人损害赔偿的概念

《中华人民共和国民用航空法》第一百五十七条第一款规定：因飞行中的民用航空器或者从飞行中的民用航空器上落下的人或者物，造成地面（包括水面，下同）上的人身伤亡或者财产损害的，受害人有权获得赔偿。对第三人损害构成的要件是：

（1）应当是飞行中的航空器对地（水）面第三人造成的损害。所谓"飞行中"，是指自民用航空器为实际起飞而使用动力时至着陆冲程终止时止。

（2）该损害是由飞行中的航空器上落下的人或物或航空器本身所导致的，侵犯了第三人的人身和财产权利。因此，排除了旅客、航空公司员工等范围；同时只是适用于民用航空器，而不适用国家航空器。从飞行中的民用航空器上落下的人或者物以及民用航空器本身与第三人的损害后果之间有因果关系。这种因果关系以实际接触为要件。

二、责任原则与赔偿范围

（一）责任原则

1952年《罗马公约》的全称是《关于外国航空器对地（水）面上第三人造成损害的公约》。《罗马公约》实行的是无过失责任原则，即客观责任或称客观责任制。所谓无过失责任或客观责任，是指只要所造成的损害是客观存在的事实，不论致害人有无过失，都要承担损害赔偿责任。《罗马公约》第一条第一款规定："在地（水）面上遭受损害的任何人，只要证明该项损害是飞行中的航空器或者从飞行中的航空器上坠下的人或物所造成，即有权获得本公约规定的赔偿。"这就清楚地表明公约实行的是无过失责任或称客观责任。"但是，如果所受的损害并非造成损害的事故的直接后果，或者所受的损害只是航空器遵照现行的空中交通规则在空中通过的结果，则受害人无权要求赔偿。"说明航空器对地面或水面上第三人造成的损害，由该航空器的经营人承担责任。

航空器对地面第三人的损害责任是一种民事责任。它由侵权行为所产生，为侵权之债；责任形式是赔偿损失。《民法通则》第一百零六条第二款规定："公民、法人由于过错侵害国家的、集体的财产，侵害他人财产、人身的，应当承担民事责任。”这里所规定的即是“过错责任原则”，一般侵权行为的责任一律适用这一规定；而对于特殊侵权行为的责任，大多实行“无过错责任原则”（亦称无过失责任原则，又称客观责任原则）。《民法通则》第一百二十三条规定：“从事高空、高压、易燃、易爆、剧毒、放射性、高速运输工具等对周围环境有高度危险的作业造成他人损害的，应当承担民事责任；如果能够证明损害是由受害人故意造成的，不承担民事责任。”

民用航空在高空作业，具有高度危险，航空器对第三人造成损害的侵权行为，应当根据上述规定归责。这一民法上的规定，对民用航空来说是一般法规定；《中华人民共和国民用航空法》作出的类似规定，则是特别法规定。《中华人民共和国民用航空法》第一百五十八条规定：“本法第一百五十七条规定的赔偿责任，由民用航空器的经营人承担。”可以看出，损害赔偿实行的是无过错责任原则，即客观责任原则。只要是飞行中的民用航空器或者从飞行中的民用航空器上落下的人或者物造成地面上的人身伤亡或者财产损害是客观事实，受害人即有权获得赔偿。

（二）赔偿范围和免责规

1. 赔偿范围

《中华人民共和国民用航空法》第一百五十七条规定：因飞行中的民用航空器或者从飞行中的民用航空器上落下的人或者物，造成地面（包括水面，下同）上的人身伤亡或者财产损害的，受害人有权获得赔偿；但是，所受损害并非造成损害的事故的直接后果，或者所受损害仅是民用航空器依照国家有关的空中交通规则在空中通过造成的，受害人无权要求赔偿。可见，赔偿范围如下：

（1）只赔偿直接损害，不赔偿间接损害，即所受损害并非造成损害事故的直接后果，受害人无权要求赔偿。

（2）所受损害与航空器落下的人或物或航空器本身有直接的接触关系。所受损害仅是民用航空器遵照现行的空中交通规则在空中通过造成的，例如航空器噪声或声震造成的损害，受害人无权要求赔偿。

2. 免责规定

按照《中华人民共和国民用航空法》第一百六十一条和第一百六十二

条的规定，有关当事人符合法定条件的，可以不承担责任，或者免除或减轻赔偿责任：

（1）损害是武装冲突或者骚乱的直接后果，依照本章规定应承担责任的人不承担责任。

（2）依照本章规定应当承担责任的人对民用航空器的使用权业经国家机关依法剥夺的，不承担责任。

（3）依照本章规定应当承担责任的人证明损害是完全由于受害人或者其受雇人、代理人的过错造成的，免除其赔偿责任；应当承担责任的人证明损害是部分由于受害人或者其受雇人、代理人的过错造成的，应当相应减轻其赔偿责任。但是，损害是由于受害人的受雇人、代理人的过错造成时，受害人证明其受雇人、代理人的行为超出其所授权的范围的，不免除或者不减轻应当承担责任的人的赔偿责任。

三、责任承担人

（一）《罗马公约》的主要规定

按照《罗马公约》的规定，判断经营人的标准主要有两条：其一，是否对航空器有专有使用权；其二，是否自己使用或者雇佣他人使用航空器，而不论是否航空器的所有人。具体地讲，有下列几种情况：

（1）《罗马公约》所称的“经营人”，是指损害发生时使用航空器的人。即使将航空器的使用权直接或间接给予他人，而自己仍保留对该航空器的航行控制权的人，亦被视为经营人。

（2）自己使用航空器，或者由其受雇人在执行职务过程中使用航空器，不论是否在他们的权限范围内行事，都应认为该人是在使用航空器的经营人。

（3）如果航空器经营人难以判明，则在航空器权利登记簿上登记的所有人应被推定为该航空器的经营人。

（4）某人在损害发生时是经营人，而对航空器自他开始有权使用时起十四天以上没有专有使用权，则给予该人使用权的人与该人在公约规定的条件和责任范围内负连带责任。

（5）如果某人未得到控制航空器航行权的人的同意而使用航空器，航行控制权人除非证明其已适当注意防止这种使用，否则应与非法使用航空器的人对造成的损害在公约规定的条件和责任范围内负连带责任。

（二）我国法律的主要规定

《中华人民共和国民用航空法》规定，对地面第三人损害的赔偿责任，由民用航空器经营人承担。民用航空器经营人是指：

（1）损害发生时使用民用航空器的人。

（2）本人将民用航空器的使用权已经直接或者间接地授予他人，但保留对该民用航空器的航行控制权，本人仍被视为经营人。

（3）经营人的受雇人、代理人在受雇、代理过程中使用民用航空器，无论是否在其受雇、代理范围内行事，均视为经营人使用民用航空器。

（4）民用航空器登记的所有人应当视为经营人，并承担经营人的责任；除非在判定其责任的诉讼中，所有人证明经营人是他人，并在法律程序许可范围内采取适当措施使该人成为诉讼当事人之一。

关于责任承担人的确定，法律明确了下列几点：

（1）当民用航空器所有人被视为经营人时，所有人享有经营人所能援用的抗辩权。

（2）非法使用民用航空器对地面第三人造成损害，有航行控制权的人与该非法使用人承担连带责任，除非有航行控制权的人证明本人已经适当注意防止此种非法使用。这里所称非法使用民用航空器，是指未经对民用航空器有航行控制权的人的同意而使用航空器的行为。

（3）两个以上的民用航空器在飞行中相撞或者相扰，对地面第三人造成损害，或者两个以上民用航空器共同对地面第三人造成损害，各有关民用航空器均应当被认为已经造成此种损害，各有关民用航空器的经营人均应当承担责任。

（4）上述应当承担责任的人以及他们的受雇人、代理人，对于飞行中的民用航空器或者从飞行中的民用航空器上落下的人或者物对地面第三人造成损害，只在本法规定的范围内承担赔偿责任。除非故意造成此种损害，否则，不在规定范围之外承担责任。

（5）本章规定不妨碍对损害应承担责任的人向他人追偿的权利。

第二节 民用航空器对地面第三人损害的诉讼规则

一、民用航空器对地面第三人损害的责任担保

（一）《罗马公约》的主要规定

1952年《罗马公约》规定，任何缔约国可以要求在另一缔约国登记的航空器经营人，就航空器可能在该缔约国领土内对地面或水面上第三人造成损害应承担的责任进行保险或者提供其他方式的担保。

1. 保险

关于保险，《罗马公约》规定：

（1）保险必须符合公约规定的条件。这包括航空器经营人必须按照公约规定的责任限额进行保险，即保险的金额不得低于适用航空器的责任限额。

（2）保险必须由法律许可办理此项保险业务的保险人承保。这里的法律是指航空器登记国的法律，或者保险人住所所在地国或保险人的主营业场所所在地国的法律。

（3）保险人必须有清偿能力，即当保险事故发生时，保险人有支付保险金的能力。所谓有清偿能力，不仅要求在财力上有支付能力，而且要求能以任何货币支付。公约要求航空器登记国，或者保险人的住所所在地国或保险人主营业场所所在地国查实该保险人的清偿能力。

2. 担保

《罗马公约》规定，担保可以代替保险。

提供担保应符合下列条件：

（1）此项担保应专门用于并优先支付公约规定的第三人责任赔偿。

（2）担保应是充分的。

（3）索赔要求的通知一经送达经营人，担保的金额总数应增加为要求担保的金额和不超过适用的责任限度的索赔金额的总和。

提供担保可以采用下列任何一种方式：

（1）在航空器登记国的公款保管机构或者在经该国批准充当保管机构的银行内，经营人缴存现金作为保证金。

（2）由航空器登记国认可的银行提供保证，该银行的清偿能力须经该国查实。

（3）由航空器登记国提供保证，其条件是该国应承诺在涉及该项担保的诉讼中放弃管辖豁免权。

（二）我国法律的主要规定

《中华人民共和国民用航空法》规定：民用航空器经营人应当投保地面第三人责任险或者取得相应的责任担保。

保险人和担保人享有下列抗辩权：

（1）与经营人相同的抗辩权。

（2）对伪造证件的抗辩权。

（3）损害发生在保险或者担保终止有效后。如果保险或担保在飞行中期满，则将有效期自动延长至在飞行计划中所载下一次降落时为止，但不得超过 24 小时。

（4）损害发生在保险或者担保所指定的地区范围外。但飞行超过规定范围是由于不可抗力、援助他人所必需，或者驾驶、航行或者领航上的差错造成的，不受此限。

上述延长有效期或扩大范围，以使保险或担保有效的规定，只在对受害人有利时适用。

关于受害人直接对保险人或者担保人提起诉讼的问题，根据《中华人民共和国民用航空法》的规定，在下列情形下，受害人可以直接对保险人或担保人提起诉讼：

（1）上述延长有效期或扩大保险范围，以使保险或者担保继续有效的。

（2）民用航空器经营人破产的。

受害人可以根据有关保险合同或者担保合同的法律规定直接提起诉讼。

在受害人直接提起诉讼的情况下，除上述抗辩权外，保险人或担保人不得以保险或者担保的无效或者追溯力终止为由进行抗辩。

经营人投保的地面第三人责任险或取得的相应责任担保，应被专门指定优先支付对地面第三人造成损害的责任赔偿。保险人支付给经营人的款项，在被造成损害的第三人的赔偿请求未满足前，不受经营人的债权人的扣留和处理。

二、民用航空器对地面第三人损害的责任诉讼规则

（一）管辖原则

民用航空器对地面第三人损害的责任赔偿的管辖原则是：单一管辖原则，管辖法院包括事故发生地、航空器最先将落地、被告住所地的人民法院。

实施单一管辖原则的意义：

（1）《罗马公约》规定只能向损害发生地的缔约国的法院提起诉讼，但这一规定不是严格的。

①如果原告和被告彼此同意，诉讼可以在任何其他缔约国的法院提起。但此种诉讼程序对于向损害发生地国的法院提起诉讼的人的权利无任何妨碍。

②各当事方如果同意，也可以在任何缔约国内将争议提交仲裁。

（2）同一事故引起的各项责任诉讼，应由同一个法院一次综合审理。公约只要求各缔约国应尽可能地这样处理。

实行单一管辖原则的意义在于：其一，便于搜集证据；其二，减少诉讼费用。

我国《民事诉讼法》第三十条规定："因铁路、公路、水上和航空事故请求损害赔偿提起的诉讼，由事故发生地或者车辆、船舶最先到达地、航空器最先降落地或者被告住所地人民法院管辖。"如果在我国领域内发生航空事故，关于对第三人造成损害的索赔诉讼，按照这一条规定实施管辖。

（二）索赔期限和诉讼时效

（1）如果航空器对地面或者水面第三人造成了损害，受害人应该在自造成损害的事实发生之日起 6 个月内，向航空器经营人提出索赔要求。如

果在 6 个月内既不将索赔要求通知经营人，又未对经营人提起索赔诉讼，则受害人只能在经营人按其责任限额充分满足了按规定提出的索赔要求之后，如有余额才能得到赔偿。

（2）责任诉讼的时效为 2 年，从损害事故发生之日起算。根据受理案件的法院所在地国的法律，决定时效的中断和中止。但在任何情况下，如果从损害事故发生之日起 3 年内不提起诉讼，诉权即行丧失。

（三）判决的承认和执行

对于本国法院的判决，不发生对判决的承认和执行问题。这里所说的是对外国法院的判决的承认和执行问题。

《罗马公约》规定的一般原则是，凡终审判决，在任何缔约国都可以执行。当终审判决，甚至缺席判决由《公约》规定的有管辖权的法院作出后，在外国法院按照其法律规定可以提出执行请求，并在按照被请求执行地国家的法律履行了手续之后，终审判决即可以执行。一般是在败诉方的住所地或者他的主营业所所在地的缔约国内执行；如果在上述缔约国内，败诉方的财产不足支付判决的赔偿金，则在败诉方有财产的缔约国内执行。判决执行申请必须在终审判决作出之日起 5 年内提出。

但是，请求外国法院执行，存在下列问题：

（1）有的国家在《公约》制定之初就提出了问题：一是在联邦制国家，州或省有相对独立性，联邦政府管不了州或省的事务；二是《公约》规定被请求执行法院的诉讼费不得超过所判决的赔偿金的 10%，这些国家不能同意这样的规定。

（2）外国法院可以拒绝执行。《公约》规定的拒绝执行的理由如下：

①此项判决系缺席判决，被告没有足够时间了解案情予以辩护；

②被告未获得公平和足够的机会为其利益辩护；

③判决涉及的争讼是相同当事人的另一诉讼标的并已作出了判决或裁决，而根据被申请执行国的法律，另一诉讼的判决或裁决已具有既判力；

④判决系由当事人任何一方的欺诈行为作出的；

⑤申请执行人没有申请执行的资格；

⑥执行判决违背被申请执行国的公共秩序。

（3）在下列情况下，也可以拒绝执行：

①在损害发生地国家的法院的判决全部执行完毕之前，拒绝执行其他国家的法院判决；

②如果损害发生地国家的法院判决的赔偿金总额超过了《公约》规定的限额，可拒绝执行，直到赔偿金总额减少到符合规定时为止。

（四）重新诉讼

如果被请求执行国的法院因上述第（2）项下的①②④⑥项的理由拒绝执行，原告（受害人）可在接到拒绝执行通知书之日起一年内向该法院重新提出诉讼。一经开始重新诉讼，以前的判决即终结执行。

我国《民法通则》规定，向人民法院请求保护民事权利的诉讼时效期间一般为 2 年，特殊的由法律另行规定。身体受到伤害请求赔偿的诉讼时效期间为 1 年。诉讼时效期间从知道或者应当知道权利被侵害时起计算。但是，从权利被侵害之日起超过 20 年的，人民法院不予保护。有特殊情况的，人民法院可以延长诉讼时效期间。超过诉讼时效期间，当事人自愿履行的，不受诉讼时效限制。

根据《中华人民共和国民用航空法》第一百七十一条的规定，地面第三人损害赔偿的诉讼时效期为二年，自损害发生之日起计算；但是，在任何情况下，时效期间不得超过自损害发生之日起三年。

（五）法律的适用范围

上述关于对地面第三人损害赔偿责任的规定不适用下列损害：

（1）对飞行中的民用航空器或者对该航空器上的人或者物造成的损害。

（2）为受害人同经营人或者同发生损害时对民用航空器有使用权的人订立的合同所约束，或者为适用两方之间的劳动合同的法律有关职工赔偿的规定所约束的损害。

【思考题】

1. 简述对第三人损害的含义。

2. 试述我国航空法中对第三人损害赔偿的责任制度。

3. 案例分析：一航班在起飞后不到 10 分钟就坠毁在 A 市的一处民房附近，造成该民房倒塌，民房内 5 人全部死亡。

(1) 经查事故是由于飞行员操作不当所致，则案件应如何处理？

(2) 若事故原因是民房内私自架设的微波发射器干扰了飞机飞行，则案件应如何处理？

(3) 假设飞机并未坠毁，只是飞越该民房，而由于该民房本身就属于危房，在飞机的噪音震动下轰然倒塌，则该民房所有人是否能够请求航空公司赔偿？为什么？

第八章　通用航空法律制度

【导入案例】

双流机场无人机干扰航班事件

2017年4月14日以来，成都双流机场已发生8起无人机干扰航班事件，造成共计超过百架航班备降、返航或延误，其密集程度和危害程度空前。

四川省公安厅4月20日发布官方通报梳理的4月14日至18日发生的3起无人机干扰航班事件：

4月14日14时05分，在成都双流国际机场西跑道北侧30公里区域（地处郫都区），机场净空保护区内，发现无人机活动，导致成都上空3架航班绕行，成都双流国际机场地面航班等待5分钟。

4月17日14时13分，在成都双流国际机场西跑道北侧18公里区域（地处郫都区），机场净空保护区内，发现无人机活动，导致多架域内航班空中等待，造成12架飞往成都的航班备降其他机场。

4月18日18时26分以及18时38分，分别在成都双流国际机场西跑道北侧3.7公里区域（地处双流区）及同侧14.8公里区域（地处崇州市），机场净空保护区内，发现无人机活动，导致22架飞往成都的航班备降其他机场，23架航班出港延误。

虽然公安部门当天明确，“一经发现，有关部门将依法追究刑事责任”，但成都双流机场的“无人机扰航”现象反而在4月21日达到一个“小高潮”。4月21日下午的3个小时里，成都双流国际机场共计遭遇4架“黑飞”无人机干扰，导致58个航班备降西安、重庆、贵阳和绵阳机场，

4架飞机返航，超1万名旅客滞留。并且，在4月26日、4月27日、4月30日，成都双流机场再次连续发生“无人机扰航”事件。

一位飞行俱乐部的负责人表示，此前他也认为这是个案，但近期频发这种置公共安全于不顾，公然挑衅政府和公众底线的做法，就有点说不通，“如果是一两次太正常不过，但发生这么多次不能认为是孤立事件了”。

4月22日，成都警方官方通报了两例查获的尚未“扰航”的净空区无人机非法飞行案件。“4月19日晚17:30，我局接市局指挥中心指令，金泉辖区兴科北路有人在放飞无人机。巡查民警立即赶到现场，将正在双流机场净空区违法操控无人机的赵某（男，33岁，本市人）抓获。”“2017年4月21日11时许，我局接群众举报，有人在协和街道一无名公路放飞无人机。巡查民警立即赶到现场，将正在双流机场净空保护区操控无人机飞行的戴某（男，21岁，本市人）抓获。”

4月23日，成都警方官方又公布了一起查获的无人机非法飞行案件。

无人机危及起降：机场半径30公里范围内严禁乱飞。

为何无人机在机场净空保护区内屡禁不止？它的出现，将会对机场、航班造成怎样的影响？一位不愿具名的航空界人士透露，无人机、气球、鸟类、孔明灯等在机场净空保护区内出现，将扰乱正常的飞行秩序，飞机在避让它们时，可能会改变航路，若遇突发情况，恐会出现撞击，“那肯定是重大灾难”。

同时，一位在川航执飞A330机型的机长透露，民用航空器起飞和落地时最危险，此时“飞行高度很低，只有1000多米，飞行速度很快，时速约300公里”。在此情况下，如遇一只3斤重的鸟，对航空器的影响将非常大，“无人机的飞行高度与飞机下降时高度重合时，一旦相撞，无人机那高燃烧性的锂电池，将对飞机发动机产生极大危害”。

针对此类“黑飞”“乱飞”行为，2016年9月1日，四川省公安厅、西部战区空军参谋部、民航西南地区管理局、民航西南地区空中交通管理局联合制定发布了《关于加强全省军民航机场净空区域安全保护的通告》（以下简称《通告》），强调在机场净空区域内禁止从事无人机、航空模型等飞行活动，严禁放飞孔明灯、无人驾驶的自由气球等。

《通告》还鼓励群众积极发现、规劝和举报可能扰乱飞行安全的违法行为。对经批评教育仍不听劝阻的人员，施放无人机、航模等小型航空器和空飘物扰乱机场空中运行秩序，威胁军、民航飞行安全的，公安机关将联合空军、民航等有关部门依法进行查处；对故意实施违法犯罪活动，违反治安管理的，由公安机关依法予以处罚，情节严重构成犯罪的，依法追究刑事责任。

思考题：

1. 无人机能不能飞行？
2. 新形势下，如何规范和发展通用航空？

本章主要介绍通用航空的含义及其地位、我国通用航空的发展概况、通用航空管理的主要法律制度。

第一节　通用航空概述

一、通用航空的含义及其地位

国内相关法律和国际组织对通用航空都是采用排除方法加以定义的。《中华人民共和国民用航空法》第一百四十五条规定："通用航空，是指使用民用航空器从事公共航空运输以外的民用航空活动，包括从事工业、农业、林业、渔业和建筑业的作业飞行以及医疗卫生、抢险救灾、气象探测、海洋监测、科学实验、教育训练、文化体育等方面的飞行活动。"而国际民用航空组织关于通用航空的定义是：通用航空是指除定期航班和为取酬或者出租的不定期航空运输以外的一切民用航空活动。从比较的角度，通用航空是指除公共航空运输以外的一切民用航空活动。通用航空应用的范围十分广泛，一般来说都在一国范围内活动，因此，通用航空主要由国内法调整。

我国2003年5月1日起施行的《通用航空飞行管制条例》(以下简称《条例》)第三条指出:“本条例所称通用航空,是指除军事、警务、海关缉私飞行和公共航空运输飞行以外的航空活动,包括从事工业、农业、林业、渔业、矿业、建筑业的作业飞行和医疗卫生、抢险救灾、气象探测、海洋监测、科学实验、遥感测绘、教育训练、文化体育、旅游观光等方面的飞行活动。”

一般来讲,通用航空包括下列飞行活动:

(1)航空作业,使用航空器为工业、农业等生产服务的飞行活动。

(2)航空急救,使用航空器抢险救灾、紧急运送等项飞行活动。

(3)航空训练,带飞培训驾驶员等项飞行活动。

(4)航空体育,滑翔飞行、飞行跳伞、飞行拉力赛等项飞行活动。

(5)其他通用航空:个人消遣飞行、商社自用的商务航空等项飞行活动。

二、我国通用航空发展概况

自1951年5月中国民航首次使用一架C46型飞机执行广州市防治蚊蝇的飞行任务开始,到1991年中国通用航空总计飞行达到49016小时。但以后逐年下滑,1994年仅完成30743小时。此后略有回升,1999年为40068小时。“十五”期间(2001—2005年),中国通用航空有了较大的发展,年平均增长速度达到11.8%,拥有飞机570架。2005年中国通用航空飞行时间达84900小时,是1978年的3倍。

中国通用航空一直是在计划经济的指导下发展的,其投资和运营都有其特殊的思路,加上空中交通管制的制约,通用航空一直都未能在计划经济向市场经济的转变中得到应有的发展空间。目前中国通用飞机的数量与发达国家相比,还有较大差距;而且中国通用飞机的研制和生产同发达国家相比,无论在数量还是档次上都存在巨大差距。中国通用航空不仅落后于发达国家,而且落后于许多发展中国家。

根据中国民航部门预测,未来十年内,中国需要各类通用航空飞机万余架。中国通用航空发展空间巨大,通用航空及其带动的产业将形成1万亿元人民币以上的市场规模。同时,经过多年培育,中国通用航空市场已经逐渐成熟，市场需求旺盛，投资踊跃。未来十年，中国通用航空将得到飞速发展，成为继干线飞机、支线飞机后另一迅速崛起的朝阳产业。

我国通用航空作业目前主要有下列项目：

（1）航空摄影，亦称空中摄影，是在航空器上安装航空摄影仪，从空中对地球表面进行摄影的作业飞行。

（2）航空探矿，全称是航空地球物理探矿，是指使用装有专门探测仪器的航空器，从空中测量地球各种物理场（磁场、重力场、导电性等）的变化，从而了解地质和地下矿藏分布情况的作业飞行。

（3）航空为石油开发服务，指以直升机为主要工具，辅以小型固定翼飞机，为海洋与陆地石油、天然气资源勘探、开发和管理提供空中运输与吊挂服务的飞行活动。

（4）航空护林，指使用航空器和仪器设备，并配备专业人员，保护森林资源的一种重要方式。其基本任务是负责林区巡逻报警、空投物资、空降急救、机降扑火、化学灭火、灭虫治病、催化降水等。

（5）航空播种，指使用安装在航空器上的喷洒设备，把种子从空中撒到地面预定播种区的作业飞行活动。这是一种机械化直播成苗方法，包括飞机播种造林、播种植草和播种农作物等。

（6）航空化学作业，指按照农业技术设计要求，使用航空器喷洒化学药物的作业飞行。在我国主要用于农作物、森林、果树和草原植被的病、虫、鼠害的防治，以及化学除草、根外追肥、脱叶催熟和催化降水等方面。

三、通用航空飞行管制条例

我国现行的通用航空管理法律、法规主要有《中华人民共和国民用航空法》《中华人民共和国飞行基本规则》《通用航空飞行管制条例》（以下简称《条例》）和《通用航空经营许可管理规定》（以下简称《管理规定》）。其中，《条例》的颁布对我国通用航空的发展和管理意义重大。

（一）《条例》颁布的必要性

1. 适应通用航空事业发展的新形势

近些年来，我国的通用航空飞行活动已深入到国家经济建设的各个领域，在工业、农业、林业、渔业、旅游业以及医疗卫生等领域发挥着重要作用。目前，我国通用航空机队的年飞行量已达到四万小时以上。随着我国社会主义市场经济的发展和人民生活水平的不断提高，通用航空还将保持较高的发展速度。原有的飞行管制和服务保障方式已经不能满足通用航空发展的需要。因此，以法律形式规范通用航空飞行活动，能够为通用航空的发展提供根本保障。

2. 有利于规范通用航空飞行秩序

由于通用航空在空域需求和飞行保障等方面具有一定的特殊性，飞行管制工作客观上存在较大难度，有时通用航空飞行会出现混乱、无序的现象，飞行安全难以保障。特别是近年来随意升放无人驾驶气球的问题日益突出，干扰了航空活动的有序运行，加大了空域管理的难度，严重威胁到飞行安全。为了维护通用航空飞行活动秩序，保障飞行安全，制定一项专门的法规是十分必要的。

3. 有利于完善我国的航空法规

通用航空飞行管制法规作为我国航空法规体系的有机组成部分，具有其他法规难以替代的地位和作用。由于我国通用航空活动起步较晚，目前尚无专门的法规规范通用航空飞行活动。因此，在认真总结我国通用航空飞行管制经验的基础上，根据我国通用航空的发展现状，借鉴国外的有益做法，制定一个符合我国国情、具有中国特色的通用航空飞行管制条例，是健全我国航空法制建设的重要组成部分。

（二）《条例》的使用范围

《条例》作为我国境内通用航空飞行活动的专门法规，凡是在中华人民共和国境内从事通用航空飞行活动的单位、个人，以及与该类活动有关的人员，都必须遵守。此外，在中华人民共和国境内从事升放无人驾驶气球和系留气球的活动，也要遵守《条例》的有关规定。

（三）《条例》的主要内容

《条例》包括总则、飞行空域的划设与使用、飞行活动的管理、飞行保障、升放和系留气球的规定、法律责任、附则共 7 章、45 条。着重明确和规范了以下几个方面的问题。

1. 明确了规范的范畴

通用航空活动管理涉及的范畴较广，有关的程序和环节也很多。营运管理、飞行标准、地面保障、航空器、航空人员、适航许可等都要进行规范和管理。升放无人驾驶气球的管理也十分复杂。《条例》对通用航空的定义、适用范围以及通用航空活动管理部门和相关单位的服务保障等作出了规定和要求。

2. 调整了空域的管理办法

打破了现行固定空域的管理模式，对通用航空空域的申请、划设、批准、使用等作出了新的规定。关键是引用了“临时飞行空域”，并进行了可操作性的具体细化，规定从事通用航空飞行活动的单位、个人根据飞行活动要求，需要划设临时飞行空域的，应当向有关飞行管制部门提出划设临时飞行空域的申请，同时明确了批准权限。“临时飞行空域”和一整套明确的操作性很强的保障实施办法，较好地解决了通用航空空域使用管理上的滞后问题，满足了通用航空空域使用临时性、不确定性的需求，较好地处理了国土防空、空管监视和通用航空空域使用方便快捷的关系。这一举措既注重与国际接轨，又立足我国实际，是现有航空条件下空域管理方法的创新。

3. 改进了飞行申请的方法

《中华人民共和国飞行基本规则》（以下简称《飞行基本规则》）规定所有飞行必须预先提出申请，经批准后方可实施。依据这项原则，《条例》对通用航空任务的审批、飞行计划申请的时间和内容、飞行计划的批准权限、临时空域内的短期飞行预报、紧急任务飞行的处理等作出了规定。《条例》针对过去通用航空活动都要先报批任务、后报批计划的做法，做了较大调整。《条例》规定，除涉及领空安全管理范畴的五种飞行活动必须提供有效的任务批准文件外，其余通用航空飞行活动均可直接提出飞行计划申请。这一改变，既加强了对重要地区和敏感活动的管理，又放开了对广大空域使用的限制，方便了通用航空企业和用户。《条例》第十七条规定：“在划设的临时飞行空域内实施通用航空飞行活动的，可以在申请划设临时飞行空域时一并提出15天以内的短期飞行计划申请，不再逐日申请；但是，每日飞行开始前和结束后，应当及时报告飞行管制部门。”

这一规定，较好地体现了管理理念的更新，适应了通用航空低空作业的特点，以通报备案的方式简化了报批程序。

4. 解决了飞行保障中的突出问题

通用航空飞行保障涉及的单位多、部门多，需协调的关系复杂。《条例》依据相关法规对有关保障部门和航空单位的飞行保障职责和任务、有关区域飞行的通信保障、机场使用保障等作出了规定。为了体现飞行保障要便民利民、方便用户的精神，《条例》一是强调了归口管理。过去使用军用机场和军民合用机场进行通用航空活动时，需要分别向不同的部门提出机场使用和飞行计划申请。为了改变这种状况，《条例》规定“从事通用航空飞行活动需要使用军用机场的，应当将使用军用机场的申请和飞行计划申请一并向有关部队司令机关提出，由有关部队司令机关作出决定，并通知申请人”。二是改变了机场接收放飞制度。参照国际上的通常做法和我国公共运输活动机场放飞接收的办法，《条例》规定：“从事通用航空飞行活动的民用航空器能否起飞、着陆和飞行，由机长（驾驶员）根据适航标准和气象条件等最终确定，并对此决定负责。”这样就较清晰地划分了责任，对发挥机长（驾驶员）的主观能动性，顺利完成通用航空任务有积极的影响。

5. 规范了对升放无人驾驶气球和系留气球的管理

《条例》参照其他法规，将无人驾驶气球和系留气球的升放管理单列一章（第五章），就升放无人驾驶气球和系留气球的批准、升放的条件以及升放的申请、动态的通报和禁放的区域等进行了规范。

6. 考虑了与相关法规的衔接

我国《民用航空法》和《飞行基本规则》对通用航空的管理都有一些相应的规定。《条例》作为通用航空飞行管理的专门法规，做到了以《飞行基本规则》为依据，并充分考虑了与《民用航空法》和《飞行基本规则》的衔接。

第二节　通用航空管理的法律制度

一、通用航空从业的法定条件

《中华人民共和国民用航空法》第一百四十五条规定，通用航空是指使用民用航空器从事通用航空活动，应当具备下列条件：

（1）有与所从事的通用航空活动相适应、符合保证飞行安全要求的民用航空器；

（2）有必要的依法取得执照的航空人员；

（3）符合法律、行政法规规定的其他条件。

从事经营性通用航空，限于企业法人。

根据以上规定，从管理角度划分，通用航空活动分为经营性和非经营性两大类，实行两种不同的管理制度。凡符合法定条件的，均可从事通用航空活动；但只有企业法人，才能从事经营性通用航空活动。

此外，从事通用航空活动，还应遵守下列规定：

（1）组织实施作业飞行时，应当采取有效措施，保证飞行安全，保护环境和生态平衡，防止对环境、居民、作物或者牲畜等造成损害。

（2）应当投保地面第三人责任险。保险金额应与所承担的责任相一致。

（3）通用航空企业从事经营性通用航空活动，应当与用户订立书面合同，但是紧急情况下的救护或者救灾飞行除外。

二、通用航空的管理制度

《中华人民共和国民用航空法》第一百四十七条规定：从事非经营性通用航空的，应当向国务院民用航空主管部门办理登记。从事经营性通用航空的，应当向国务院民用航空主管部门申请领取通用航空经营许可证，并依法办理工商登记；未取得经营许可证的，工商行政管理部门不得办理工商登记。

根据以上规定，按照非经营性和经营性的划分，对通用航空实行“准则制”和“审批制”两种不同的管理制度。所谓“准则制”，即符合法定条件的，均可从事非经营性通用航空活动，只需向主管机关办理登记手续；所谓“审批制”，即具备法定条件，从事经营性通用航空活动的有关企业法人必须向主管机关提出申请，经审查批准，取得主管机关颁发的经营许可证，并持经营许可证办理工商登记之后，方可从事经营性通用航空活动。

三、通用航空划设临时飞行空域的申请

通用航空和一般的公共航空运输有很大不同。例如，在通用航空中，根据飞行需要有时要申请划设临时飞行空域。《条例》第七条规定：从事通用航空飞行活动的单位、个人，根据飞行活动要求，需要划设临时飞行空域的，应当向有关飞行管制部门提出划设临时飞行空域的申请。

1. 划设临时飞行空域的申请内容

(1) 临时飞行空域的水平范围、高度；

(2) 飞入和飞出临时飞行空域的方法；

(3) 使用临时飞行空域的时间；

(4) 飞行活动性质；

(5) 其他有关事项。

2. 划设临时飞行空域的批准权限

(1) 在机场区域内划设的，由负责该机场飞行管制的部门批准；

(2) 超出机场区域在飞行管制分区内划设的，由负责该分区飞行管制的部门批准；

(3) 超出飞行管制分区在飞行管制区内划设的，由负责该管制区飞行管制的部门批准；

(4) 在飞行管制区间划设的，由中国人民解放军空军批准。

批准划设临时飞行空域的部门应当将划设的临时飞行空域报上一级飞行管制部门备案，并通报有关单位。

3. 划设临时飞行空域的申请与批准时限

划设临时飞行空域的申请，应当在拟使用临时飞行空域 7 个工作日前

向有关飞行管制部门提出；负责批准该临时飞行空域的飞行管制部门应当在拟使用临时飞行空域 3 个工作日前作出批准或者不予批准的决定，并通知申请人。

4. 临时飞行空域使用期限

临时飞行空域的使用期限应当根据通用航空飞行的性质和需要确定，通常不得超过 12 个月。因飞行任务的要求，需要延长临时飞行空域使用期限的，应当报经批准该临时飞行空域的飞行管制部门同意。通用航空飞行任务完成后，从事通用航空飞行活动的单位、个人应当及时报告有关飞行管制部门，其申请划设的临时飞行空域即行撤销。已划设的临时飞行空域，从事通用航空飞行活动的其他单位、个人因飞行需要，经批准划设该临时飞行空域的飞行管制部门同意，也可以使用。

四、通用航空飞行计划的申请

《条例》第十二条规定：从事通用航空飞行活动的单位、个人实施飞行前，应当向当地飞行管制部门提出飞行计划申请，按照批准权限，经批准后方可实施。

1. 飞行计划申请的内容

《条例》第十三条规定，飞行计划申请应当包括下列内容：

（1）飞行单位；

（2）飞行任务性质；

（3）机长（飞行员）姓名、代号（呼号）和空勤组人数；

（4）航空器型别和架数；

（5）通信联络方法和二次雷达应答机代码；

（6）起飞、降落机场和备降场；

（7）预计飞行开始、结束时间；

（8）飞行气象条件；

（9）航线、飞行高度和飞行范围；

（10）其他特殊保障需求。

2. 飞行计划申请的范围

《条例》第十四条规定，从事通用航空飞行活动的单位、个人有下列情形之一的，必须在提出飞行计划申请时，提交有效的任务批准文件：

（1）飞出或者飞入我国领空的（公务飞行除外）；

（2）进入空中禁区或者国（边）界线至我方一侧 10 公里之间地带上空飞行的；

（3）在我国境内进行航空物探或者航空摄影活动的；

（4）超出领海（海岸）线飞行的；

（5）外国航空器或者外国人使用我国航空器在我国境内进行通用航空飞行活动的。

3. 飞行计划申请的批准

（1）使用机场飞行空域、航路、航线进行通用航空飞行活动，其飞行计划申请由当地飞行管制部门批准或者由当地飞行管制部门报经上级飞行管制部门批准。

（2）使用临时飞行空域、临时航线进行通用航空飞行活动，其飞行计划申请按照下列规定的权限批准：

①在机场区域内的，由负责该机场飞行管制的部门批准；

②超出机场区域在飞行管制分区内的，由负责该分区飞行管制的部门批准；

③超出飞行管制分区在飞行管制区内的，由负责该区域飞行管制的部门批准；

④超出飞行管制区的，由中国人民解放军空军批准。

4. 飞行计划的申请与批准时限

（1）飞行计划申请应当在拟飞行前一天 15 时前提出；飞行管制部门应当在拟飞行前一天 21 时前做出批准或者不予批准的决定，并通知申请人。

（2）执行紧急救护、抢险救灾、人工影响天气或者其他紧急任务的，可以提出临时飞行计划申请。临时飞行计划申请最迟应当在拟飞行 1 小时前提出；飞行管制部门应当在拟起飞时刻 15 分钟前作出批准或者不予批准的决定，并通知申请人。

（3）在划设的临时飞行空域内实施通用航空飞行活动的，可以在申请划设临时飞行空域时一并提出 15 天以内的短期飞行计划申请，不再逐日申请；但是每日飞行开始前和结束后，应当及时报告飞行管制部门。

(4) 使用临时航线转场飞行的，其飞行计划申请应当在拟飞行两天前向当地飞行管制部门提出；飞行管制部门应当在拟飞行前一天 18 时前作出批准或者不予批准的决定，并通知申请人，同时按照规定通报有关单位。

五、通用航空飞行保障的有关规定

(1) 通信、导航、雷达、气象、航行情报和其他飞行保障部门应当认真履行职责，密切协同，统筹兼顾，合理安排，提高飞行空域和时间的利用率，保障通用航空飞行顺利实施。

(2) 通信、导航、雷达、气象、航行情报和其他飞行保障部门对于紧急救护、抢险救灾、人工影响天气等突发性任务的飞行，应当优先安排。

(3) 从事通用航空飞行活动的单位、个人组织各类飞行活动，应当制定安全保障措施，严格按照批准的飞行计划组织实施，并按照要求报告飞行动态。

(4) 从事通用航空飞行活动的单位、个人，应当与有关飞行管制部门建立可靠的通信联络。在划设的临时飞行空域内从事通用航空飞行活动时，应当保持空地联络畅通。

(5) 在临时飞行空域内进行通用航空飞行活动，通常由从事通用航空飞行活动的单位、个人负责组织实施，并对其安全负责。

(6) 飞行管制部门应当按照职责分工或者协议，为通用航空飞行活动提供空中交通管制服务。

(7) 从事通用航空飞行活动需要使用军用机场的，应当将使用军用机场的申请和飞行计划申请一并向有关部队司令机关提出，由有关部队司令机关作出批准或者不予批准的决定，并通知申请人。

(8) 从事通用航空飞行活动的航空器转场飞行，需要使用军用或者民用机场的，由该机场管理机构按照规定或者协议提供保障；使用军民合用机场的，由从事通用航空飞行活动的单位、个人与机场有关部门协商确定保障事宜。

(9) 在临时机场或者起降点飞行的组织指挥，通常由从事通用航空飞行活动的单位、个人负责。

（10）从事通用航空飞行活动的民用航空器能否起飞、着陆和飞行，由机长（飞行员）根据适航标准和气象条件等最终确定，并对此决定负责。

六、升放和系留气球的规定

过去我国存在着“随意放气球”的现象，尤其是在飞行活动密集地区或主要航线下方，未经批准，随意升放飞行物体或放飞鸟类动物，对民用或军用航空造成了不良影响。2000 年 5 月 27 日，重庆市 18 个商业宣传气球升空，险些与空中八架班机相撞，迫使航班改航、迫降，造成了很大的经济损失。《条例》规定，在我国境内从事升放无人驾驶自由气球和系留气球活动，也适用本条例。主要内容包括以下几个方面：

（1）升放无人驾驶自由气球或者系留气球，不得影响飞行安全。所谓无人驾驶自由气球，是指无动力驱动、无人操纵、轻于空气、总质量大于 4 千克自由飘移的充气物体。所谓系留气球，是指系留于地面物体上、直径大于 1.8 米或者体积容量大于 3.2 立方米、轻于空气的充气物体。

（2）无人驾驶自由气球和系留气球的分类、识别标志和升放条件等，应当符合国家有关规定。

（3）进行升放无人驾驶自由气球或者系留气球活动，必须经市级以上气象主管机构会同有关部门批准。具体办法由国务院气象主管机构制定。

（4）升放无人驾驶自由气球，应当在拟升放两天前持本条例第三十三条规定的批准文件向当地飞行管制部门提出升放申请；飞行管制部门应当在拟升放一天前作出批准或者不予批准的决定，并通知申请人。

（5）升放无人驾驶自由气球的申请，通常应当包括下列内容：

①升放的单位、个人和联系方法；

②气球的类型、数量、用途和识别标志；

③升放地点和计划回收区；

④预计升放和回收（结束）的时间；

⑤预计飘移方向、上升的速度和最大高度。

（6）升放无人驾驶自由气球，应当按照批准的申请升放，并及时向有关飞行管制部门报告升放动态；取消升放时，应当及时报告有关飞行管制部门。

（7）升放系留气球，应当确保系留牢固，不得擅自释放。系留气球升放的高度不得高于地面150米，但是低于距其水平距离50米范围内建筑物顶部的除外。系留气球升放的高度超过地面50米的，必须加装快速放气装置，并设置识别标志。

（8）升放的无人驾驶自由气球或者系留气球中发生下列可能危及飞行安全的情况时，升放单位、个人应当及时报告有关飞行管制部门和当地气象主管机构：

①无人驾驶自由气球非正常运行的；

②系留气球意外脱离系留的；

③其他可能影响飞行安全的异常情况。

加装快速放气装置的系留气球意外脱离系留时，升放系留气球的单位、个人应当在保证地面人员、财产安全的条件下，快速启动放气装置。

（9）禁止在依法划设的机场范围内和机场净空保护区域内升放无人驾驶自由气球或者系留气球，但是国家另有规定的除外。

七、从事通用航空活动的法律责任

（1）从事通用航空飞行活动的单位、个人违反《条例》的有关规定，有下列情形之一的，由有关部门按照职责分工责令改正，给予警告；情节严重的，处2万元以上10万元以下罚款，并可给予责令停飞1个月至3个月、暂扣直至吊销经营许可证、飞行执照的处罚；造成重大事故或者严重后果的，依照刑法关于重大飞行事故罪或者其他罪的规定，依法追究刑事责任：

①未经批准擅自飞行的；

②未按批准的飞行计划飞行的；

③不及时报告或者漏报飞行动态的；

④未经批准飞入空中限制区、空中危险区的。

（2）违反《条例》的有关规定，未经批准飞入空中禁区的，由有关部门按照国家有关规定处置。

（3）违反《条例》的有关规定，升放无人驾驶自由气球或者系留气球，有下列情形之一的，由气象主管机构或者有关部门按照职责分工责令改正，给予警告；情节严重的，处1万元以上5万元以下罚款；造成重大事故或者严重后果的，依照刑法关于重大责任事故罪或者其他罪的规定，依法追究刑事责任：

①未经批准擅自升放的；

②未按照批准的申请升放的；

③未按照规定设置识别标志的；

④未及时报告升放动态或者系留气球意外脱离时未按照规定及时报告的；

⑤在规定的禁止区域内升放的。

【思考题】

1. 通用航空有哪些航空活动？

2. 根据《中华人民共和国民用航空法》，从事通用航空业应当具备哪些法定条件？

3. 简述升放和系留气球的规定。

4. 简述从事通用航空活动的法律责任。

5. 试论如何促进通用航空的发展。

第九章　民用航空与刑法

【案例参考】

新疆“6·29”劫机案

2011年10月至2012年2月，被告人木沙·玉素甫、艾热西地卡力·依明、吾麦尔·依明、阿里木·木沙和阿巴拜柯热·伊比拉伊木等，接受宗教极端、暴力恐怖内容的反动宣传，形成以木沙·玉素甫、艾热西地卡力·依明为首要分子的暴力恐怖组织，并为实施暴力恐怖活动进行了多次准备。2012年5月中旬至6月间，木沙·玉素甫等人商议劫持飞机出境进行恐怖活动，并多次踩点、探查机场安检和机舱内情况，准备燃爆物品和金属拐杖、打火机、火柴等作案工具，又招募买买提艾力·玉素甫参与并进行策划、分工，同时商定如果劫机不成就炸毁飞机，与机上人员同归于尽。

2012年6月29日，木沙·玉素甫等人分别携带伪装后的燃爆物品、作案工具通过安检后登上GS7554航班。飞机起飞后，艾热西地卡力·依明、木沙·玉素甫、吾麦尔·依明、阿里木·木沙等被告人和买买提艾力·玉素甫、阿巴拜柯热·伊比拉伊木手持拆卸后的金属拐杖，高喊宗教极端口号撞击驾驶舱，殴打、威胁机组人员和乘客。在引燃爆炸装置过程中，他们分别被乘客和机组人员奋力制服。GS7554航班被迫返航降落和田机场，木沙·玉素甫等6人被抓获。其中，阿巴拜柯热·伊比拉伊木、买买提艾力·玉素甫在被制服过程中受伤，经医治无效死亡。上述被告人的犯罪行为致24名乘客、机组人员不同程度受伤，造成财产损失2858.3万元。

2012年12月11日，新疆和田地区中级人民法院一审公开开庭审理木沙·玉素甫等4名被告人暴力恐怖劫机案并当庭宣判：以组织、领导、参加恐怖组织罪，劫持航空器罪，爆炸罪等数罪并罚，分别判处被告人木沙·玉素甫、艾热西地卡力·依明、吾麦尔·依明死刑，剥夺政治权利终身；判处被告人阿里木·木沙无期徒刑，剥夺政治权利终身。

被告人木沙·玉素甫、艾热西地卡力·依明组织、领导恐怖组织，策划、指挥并直接参与劫持航空器，在飞机上实施爆炸，致多人受伤、公私财产遭受重大损失，是首要分子；吾麦尔·依明积极参加恐怖组织，参与劫持航空器，并在飞机上实施爆炸，是主犯；阿里木·木沙积极参加恐怖组织，参与实施劫持航空器及爆炸犯罪，但在犯罪过程中作用相对较轻，且认罪态度较好，遂依法作出上述判决。

案例思考：

1. 危害民航安全的犯罪有哪些？
2. 怎样预防危害民航安全的犯罪行为？

本章主要涉及刑法的基础知识，包括概念、性质、功能与基本原则等；我国法律以及国际公约针对危害民用航空安全的犯罪行为的相关规定。

第一节　刑法简述

一、刑法的概念、性质、功能及基本原则

（一）刑法的概念

刑法是规定犯罪与刑罚的法律规范的总和，是惩治犯罪、保护人民、维护社会稳定的基本法律。

（二）刑法的性质与功能

1. 性质

刑法具有区别于其他法律的特有属性，主要表现在：①规定犯罪与其法律后果；②调整与保护的法律关系相当广泛；③在所有法律中最为严厉；④是其他法律的保障法。

2. 功能

《中华人民共和国刑法》的任务，是用刑罚同一切犯罪行为做斗争，以保卫国家安全，保卫人民民主专政的政权和社会主义制度，保护国有财产和劳动群众集体所有的财产，保护公民私人所有的财产，保护公民的人身权利、民主权利和其他权利，维护社会秩序、经济秩序，保障社会主义建设事业的顺利进行。

（三）刑法的基本原则

刑法的基本原则，是指贯穿于刑法始终，指导刑法运行的全局性、根本性的准则。《中华人民共和国刑法》（以下简称《刑法》）第三条至第五条规定了刑法的三大基本原则。

1. 罪刑法定原则

《刑法》第三条规定："法律明文规定为犯罪行为的，依照法律定罪处刑；法律没有明文规定为犯罪行为的，不得定罪处刑。"

2. 刑法面前人人平等原则

《刑法》第四条规定："对任何人犯罪，在适用法律上一律平等。不允许任何人有超越法律的特权。"这就是说，不得因犯罪人或被害人的特殊身份地位，或者不同出身、民族、宗教信仰等而对犯罪人予以不同的刑罚。

3. 罪责刑相适应原则

《刑法》第五条规定："刑罚的轻重，应当与犯罪分子所犯罪行和承担的刑事责任相适应。"即重罪重罚，轻罪轻罚，一罪一罚，数罪并罚，罚当其罪，罪刑相适应。

二、民用航空与刑法

作为快捷、高效的运输方式，民用航空在现代运输中发挥着越来越重要的作用。与其他运输方式一样，民用航空也受到各种人为因素的影响。这些影响甚至会危及飞行安全与人民的生命、财产安全。因此，严厉打击针对民用航空的犯罪活动是保障民用航空健康发展的基本条件。

第二节　危害民用航空的犯罪和刑罚

一、我国现行法律对危害民用航空的犯罪和刑罚的规定

根据我国现行刑事法律，对于危害民用航空的犯罪行为的界定和刑罚主要体现在《刑法》分则第二章“危害公共安全罪”中，包括破坏交通工具罪、破坏交通设施罪、劫持航空器罪、危害飞行安全罪、重大飞行事故罪。

（一）破坏交通工具罪

《刑法》第一百一十六条规定：“破坏火车、汽车、电车、船只、航空器，足以使火车、汽车、电车、船只、航空器发生倾覆、毁坏危险，尚未造成严重后果的，处三年以上十年以下有期徒刑。”本条中的航空器，包括民用航空飞机。飞机本身的安全是航空安全的前提与保障，因此《刑法》严厉打击破坏飞机的行为。

（二）破坏交通设施罪

《刑法》第一百一十七条规定：“破坏轨道、桥梁、隧道、公路、机场、航道、灯塔、标志或者进行其他破坏活动，足以使火车、汽车、电车、船只、航空器发生倾覆、毁坏危险，尚未造成严重后果的，处三年以上十年以下有期徒刑。”机场是飞机起飞与降落的场所，机场安全是航空安全的重要组成部分。

（三）劫持航空器罪

《刑法》第一百二十一条规定：“以暴力、胁迫或者其他方法劫持航空器的，处十年以上有期徒刑或者无期徒刑；致人重伤、死亡或者使航空器遭受严重破坏的，处死刑。”劫机是以暴力劫持航空器，迫使其偏离航线，

飞往劫持者指定的国家和地点，以满足劫机者要求的犯罪行为。我国《刑法》对于劫机规定了严厉的刑罚，打击劫机犯罪已经成为保障民航安全的首要任务。

（四）危害飞行安全罪

《刑法》第一百二十三条规定："对飞行中的航空器上的人员使用暴力，危及飞行安全，尚未造成严重后果的，处五年以下有期徒刑或者拘役；造成严重后果的，处五年以上有期徒刑。"对于乘客在飞行过程中，出于除故意劫机以外的其他目的，以暴力危及航空安全的行为，法律特别规定了本条。

（五）重大飞行事故罪

《刑法》第一百三十一条规定："航空人员违反规章制度，致使发生重大飞行事故，造成严重后果的，处三年以下有期徒刑或者拘役；造成飞机坠毁或者人员死亡的，处三年以上七年以下有期徒刑。"本条是针对航空人员规定的，类似于地面上的交通肇事。

（六）非法携带或托运违禁物品罪

《刑法》第一百三十条规定："非法携带枪支、弹药、管制刀具或者爆炸性、易燃性、放射性、毒害性、腐蚀性物品，进入公共场所或者公共交通工具，危及公共安全，情节严重的，处三年以下有期徒刑、拘役或者管制。"

（七）聚众扰乱民用机场秩序罪

《刑法》第二百九十一条规定："聚众扰乱车站、码头、民用航空站、商场、公园、影剧院、展览会、运动场或者其他公共场所秩序，聚众堵塞交通或者破坏交通秩序，抗拒、阻碍国家治安管理工作人员依法执行职务，情节严重的，对首要分子，处五年以下有期徒刑、拘役或者管制。"

二、国际公约对危害民用航空的犯罪和刑罚的规定

为了有效地打击危害国际民用航空安全犯罪，特别是恐怖劫机犯罪，在联合国、国际民用航空组织的主持下，相继召开了一系列的国际航空法外交大会，专门就制定有关防止和惩处危害国际民航安全的国际公约进行讨论。经过不断的努力，逐步形成了一系列预防和惩治危害国际民用航空

安全罪的国际法律文件，并确立了相应的国际刑法原则、规则及制度。

为了防止劫持飞机和对国际民用航空的其他干扰行为，国际民航组织曾制定了三个反劫机公约和一个补充议定书。1963年东京《关于在航空器内犯罪和某些其他行为的公约》是第一个反劫机公约，对公约的范围、管辖权、机长的权利、各国的权利与责任等均作出了详尽的规定。1970年海牙《制止非法劫持航空器的公约》以及1971年蒙特利尔《制止危害民用航空安全的非法行为的公约》，对防止和处理、惩治劫机制定了更加明确的规则。1988年2月24日在蒙特利尔又订立了补充议定书，即《制止在国际民用机场发生的非法暴力行为的协定书》，以补充1971年蒙特利尔《制止危害民用航空安全的非法行为的公约》。我国已先后加入了上述反劫机公约和补充议定书。

以上公约对于针对国际民航安全的犯罪行为作出如下一些界定：

(1) 在飞行中的航空器内用暴力或暴力威胁或其他任何胁迫方式，非法劫持或控制航空器，对飞行中的航空器中的人实施暴力行为并且足以危及航空器的安全。飞行中指所有舱门关上到任一外部舱门打开时。

(2) 实施某种行为使航空器不能飞行或危及其飞行安全，包括：对使用中的航空器的破坏或损坏，放置某种装置或物质，破坏或损害航行设施或扰乱其工作，传递明知是虚假的情报。使用中指地面或机组人员为某一次飞行进行飞行前准备时起到飞机降落24小时内止。

根据公约规定，凡实施下列行为或其未遂行为的，即构成犯罪：

①在飞行中的航空器内用暴力或用暴力威胁，或用任何其他胁迫方法，非法劫持或控制该航空器。

②对飞行中的航空器内的人实施暴力行为，如该行为足以危及该航空器的安全。

③破坏使用中的航空器，或者对该航空器造成损坏，使其不能飞行或足以危及其飞行安全。

④不论采用何种方法，在使用中的航空器内放置或唆使他人放置一种装置或物质，该装置或物质具有破坏该航空器，或者对其造成损坏，使其不能飞行或足以危及飞行安全的特性。

⑤破坏或损坏航行设施或扰乱其工作，若任何此种行为足以危及飞行

中的航空器的安全。

⑥传送明知是虚假的情报，由此危及飞行中的航空器的安全。

⑦使用一种装置、物质或武器，在用于国际民用航空的机场内对人实施暴力行为，造成或足以造成重伤或死亡的。

⑧使用一种装置、物质或武器，破坏或严重损坏用于国际民用航空的机场的设备或停在机场上未在使用中的航空器，或者中断机场服务，以致危及或足以危及该机场的安全。

【思考题】

1. 简述刑法的基本原则。
2. 我国现行刑法规定了哪七种危害民航安全的犯罪？
3. 试论如何预防航空犯罪。

附录一 《国际民用航空公约》

1944年12月7日签订于芝加哥

1947年4月4日生效

第一部分 空中航行

第一章 公约的一般原则和适用

第一条 主权

缔约各国承认每一国家对其领土之上的空气空间享有完全的和排他的主权。

第二条 领土

本公约所指一国的领土，应认为是在该国主权、宗主权保护或委任统治下的陆地区域及与其邻接的领水。

第三条 民用航空器和国家航空器

一、本公约仅适用于民用航空器，不适用于国家航空器。

二、用于军事、海关和警察部门的航空器，应认为是国家航空器。

三、一缔约国的国家航空器，未经特别协定或其他方式的许可并遵照其中的规定，不得在另一缔约国领土上空飞行或在此领土上降落。

四、缔约各国承允在发布关于其国家航空器的规章时，对民用航空器的航行安全予以应有的注意。

第三条 分条

注：一九八四年五月十日，大会决定修正芝加哥公约，增加第三条分条。该条尚未生效。

一、缔约各国承认，每一国家必须避免对飞行中的民用航空器使用武器，如拦截，必须不危及航空器内人员的生命和航空器的安全。此一规定不应被解释为在任何方面修改了联合国宪章所规定的各国的权利和义务。

二、缔约各国承认，每一国家在行使其主权时，对未经允许而飞越其领土的民用航空器，或者有合理的根据认为该航空器被用于与本公约宗旨不相符的目的，有权要求该航空器在指定的机场降落；该国也可以给该航空器任何其他指令，以终止此类侵犯。为此目的，缔约各国可采取符合国际法的有关规则，包括本公约的有关规定，特别是本条第一款规定的任何适当手段。每一缔约国同意公布其关于拦截民用航空器的现行规定。

三、任何民用航空器必须遵守根据本条第二款发出的命令。为此目的，每一缔约国应在本国法律或规章中作出一切必要的规定，以便在该国登记的，或者在该国有主营业所或永久居所的经营人所使用的任何航空器必须遵守上述命令。每一缔约国应使任何违反此类现行法律或规章的行为受到严厉惩罚，并根据本国法律将这一案件提交其主管当局。

四、每一缔约国应采取适当措施，禁止将在该国登记的，或者在该国有主营业所或永久居所的经营人所使用的任何民用航空器肆意用于与本公约宗旨不相符的目的。这一规定不应影响本条第一款或者与本条第二款和第三款相抵触。

第四条 民用航空的滥用

缔约各国同意不将民用航空用于和本公约的宗旨不相符的任何目的。

第二章 在缔约国领土上空飞行

第五条 不定期飞行的权利

缔约各国同意其他缔约国的一切不从事定期国际航班飞行的航空器，在遵守本公约规定的条件，不需要事先获准，有权飞入或飞经其领土而不降停，或作非商业性降停，但飞经国有权令其降落。为了飞行安全，当航空器所欲飞经的地区不得进入或缺乏适当航行设施时，缔约各国保留令其遵循规定航路或获得特准后方许飞行的权利。

此项航空器如为取酬或出租而载运乘客、货物、邮件但非从事定期国际航班飞行，在遵守第七条规定的情况下，亦有上下乘客、货物或邮件的特权，但上下的地点所在国家有权规定其认为需要的规章、条件或限制。

第六条　定期航班

除非经一缔约国特准或其他许可并遵照此项特准或许可的条件，任何定期国际航班不得在该国领土上空飞行或进入该国领土。

第七条　国内运营权

缔约各国有权拒绝准许其他缔约国的航空器为取酬或出租在其领土内载运乘客、邮件和货物前往其领土内另一地点。缔约各国承允不缔结任何协议，在排他的基础上特准任何其他国家的空运企业享有任何此项特权，也不向任何其他国家取得任何此项排他的特权。

第八条　无人驾驶航空器

任何无人驾驶而能飞行的航空器，未经一缔约国特许并遵照此项特许的条件，不得无人驾驶而在该国领土上空飞行。缔约各国承允对此项无人驾驶的航空器在向民用航空器开放的地区内的飞行加以管制，以免危及民用航空器。

第九条　禁区

一、缔约各国由于军事需要或公共安全的理由，可以一律限制或禁止其他国家的航空器在其领土内的某些地区上空飞行，但对该领土所属国从事定期国际航班飞行的航空器和其他缔约国从事同样飞行的航空器，在这一点上不得有所区别。此种禁区的范围和位置应当合理，以免空中航行受到不必要的阻碍。一缔约国领土内此种禁区的说明及其随后的任何变更，应尽速通知其他各缔约国及国际民用航空组织。

二、在非常情况下，或在紧急时期内，或为了公共安全，缔约各国也保留暂时限制或禁止航空器在其全部或部分领土上空飞行的权利并立即生效，但此种限制或禁止应不分国籍，适用于所有其他国家的航空器。

三、缔约各国可以依照其制定的规章，令进入上述第一款或第二款所指地区的任何航空器尽速在其领土内一指定的机场降落。

第十条　在设关机场降停

除按照本公约的条款或经特许，航空器可以飞经一缔约国领土而不降停外，每一航空器进入一缔约国领土，如该国规章有规定时，应在该国指定的机场降停，以便进行海关和其他检查。当离开一缔约国领土时，此种航空器应从同样指定的设关机场离去。所有指定的设关机场的详细情形，应由该国公布，并送交根据本公约第二部分设立的国际民用航空组织，以便通知所有其他缔约国。

第十一条 空中规章的适用

在遵守本公约各规定的条件下，一缔约国关于从事国际航行的航空器进入或离开其领土或关于此种航空器在其领土内操作或航行的法律和规章，应不分国籍，适用于所有缔约国的航空器；此种航空器在进入或离开该国领土或在其领土内时，都应该遵守此项法律和规章。

第十二条 空中规则

缔约各国承允采取措施以保证在其领土上空飞行或在其领土内运转的每一航空器及每一具有其国籍标志的航空器，不论在何地，应遵守当地关于航空器飞行和运转的现行规则和规章。缔约各国承允使这方面的本国规章，在最大可能范围内，与根据本公约随时制定的规章相一致。在公海上空，有效的规则应为根据本公约制定的规则。缔约各国承允对违反适用规章的一切人员起诉。

第十三条 入境及放行规章

一缔约国关于航空器的乘客、机组或货物进入或离开其领土的法律和规章，如关于入境、放行、移民、护照、海关及检疫的规章，应由此种乘客、机组或货物在进入、离开或在该国领土内时遵照执行或由其代表遵照执行。

第十四条 防止疾病传播

缔约各国同意采取有效措施防止经由空中航行传播霍乱、班疹伤寒（流行性）、天花、黄热病、鼠疫以及缔约各国随时确定的其他传染病。为此，缔约各国将与负责关于航空器卫生措施的国际规章的机构保持密切的磋商。此种磋商应不妨碍缔约各国所参加的有关此事的任何现行国际公约的适用。

第十五条 机场费用和类似费用

一缔约国对其本国航空器开放的公用机场，在遵守第六十八条规定的情况下，应按统一条件对所有其他缔约国的航空器开放。为航行安全和便利而提供公用的一切航行设施，包括无线电和气象服务，由缔约各国的航空器使用时，应适用同样的统一条件。

一缔约国对任何其他缔约国的航空器使用此种机场及航行设施可以征收或准许征收的任何费用：

一、对不从事定期国际航班飞行的航空器，应不高于从事同样飞行的本国同级航空器所缴纳的费用；

二、对从事定期国际航班飞行的航空器，应不高于从事同样国际航班飞行的本国航空器所缴纳的费用。

所有此类费用应予公布，并通知国际民用航空组织，但如一有关缔约国提出意见，此项使用机场及其他设施的收费率应由理事会审查。理事会应就此提出报告和建议，供有关的一国或几国考虑。任何缔约对另一缔约国的任何航空器或航空器上所载人员或财物不得仅因给予通过或进入或离去其领土的权利而征收任何规费、捐税或其他费用。

第十六条 对航空器的检查

缔约各国有关当局有权对其他缔约国的航空器在降停或飞离时进行检查，并查验本公约规定的证件和其他文件，但应避免不合理的延误。

第三章 航空器的国籍

第十七条 航空器的国籍

航空器具有其登记的国家的国籍。

第十八条 双重登记

航空器在一个以上国家登记不得认为有效，但其登记可以由一国转移至另一国。

第十九条 管理登记的国家法律

航空器在任何缔约国登记或转移登记，应按该国的法律和规章办理。

第二十条 标志的展示

从事国际航行的每一航空器应载有适当的国籍标志和登记标志。

第二十一条 登记的报告

缔约各国承允，如经要求，应将关于在该国登记的某一个航空器的登记及所有权情况提供给任何另一缔约国或国际民用航空组织。此外，缔约各国应按照国际民用航空组织制定的规章，向该组织报告有关在该国登记的经常从事国际航行的航空器所有权和控制权的可提供的有关资料。如经要求，国际民用航空组织应将所得到的资料提供给其他缔约国。

第四章 便利空中航行的措施

第二十二条 简化手续

缔约各国同意采取一切可行的措施，通过发布特别规章或其他方法，以便利和加速航空器在缔约各国领土间的航行，特别是在执行关于移民、检疫、海关、放行等法律时，防止对航空器、机组、乘客和货物造成不必要的延误。

第二十三条 海关和移民程序

缔约各国承允在其认为可行的情况下，按照依本公约随时制定或建议的措施，制定有关国际航行的海关和移民程序。本公约的任何规定不得被解释为妨碍设置豁免关税的机场。

第二十四条 关税

一、航空器飞抵、飞离或飞越另一缔约国领土时，在遵守该国海关规章的条件下，应准予暂时免纳关税。一缔约国的航空器在到达另一缔约国领土时所载的燃料、润滑油、零备件、正常设备及机上供应品，在航空器离开该国领土时，如仍留置航空器上，应免纳关税、检验费或类似的国家或地方税款和费用，此种豁免不适用于卸下的任何数量或物品，但按照该国海关规章允许的不在此例，此种规章可以要求上述物品应受海关监督。

二、运入一缔约国领土的零备件和设备，供装配另一缔约国的从事国际航行的航空器或在该航空器上使用，应准予免纳关税，但须遵守有关国家的规章，此种规章可以规定上述物品应受海关的监督和管制。

第二十五条 航空器遇险

缔约各国承允对在其领土内遇险的航空器，在其认为可行的情况下，采取援助措施，并在本国当局管制下准许该航空器所有人或该航空器登记国的当局采取情况所需的援助措施。缔约各国搜寻失踪的航空器时，应在按照本公约随时建议的各种协同措施方面进行合作。

第二十六条 事故调查

一缔约国的航空器如在另一缔约国的领土内发生事故，致有死亡或严重伤害或表明航空器或航行设施有重大技术缺陷时，事故所在地国家应在该国法律许可的范围内，依照国际民用航空组织建议的程序，着手调查事故情形。航空器登记国应有机会指派观察员在调查时到场，而主持调查的国家，应将关于此事的报告及调查结果，通知航空登记国。

第二十七条 不因专利权的主张而扣押航空器

一、一缔约国从事国际航行的航空器，被准许进入或通过另一缔约国领土时，不论降停与否，另一缔约国不得以该国名义或以该国任何人的名义，其于航空器的构造、机构、零件、附件或操作有侵犯航空器进入国依法发给或登记的任何专利权、设计或模型的情形，而扣押或扣留该航空器，或对该航空器的所有人或经营人提出任何权利主张，或进行任何其他干涉。缔约各国并同意在任何情况下，航空器所进入的国家对航空器免予扣押或扣留时，均不要求缴付保证金。

二、本条第一款的规定，也适用于一缔约国在另一缔约国领土内航空器备用零件和备用设备的存储，以及使用并装置此项零件和设备以修理航空器的权利，但此项存储的任何专利零件或设备，不得在航空器进入国国内出售或转让，也不得作为商品输出该国。

三、本条的利益只适用于本公约的参加国并且是：（一）国际保护工业产权公约及其任何修正案的参加国；或（二）已经颁布专利法，对本公约其他参加国国民的发明予以承认并给予适当保护的国家。

第二十八条 航行设施和标准制度

缔约各国承允在它认为可行的情况下：

一、根据依本公约随时建议或制定的标准和措施，在其领土内提供机场、无线电服务、气象服务及其他航行设施，以便利国际空中航行。

二、采取和实施根据本公约随时建议或制定的有关通信程序、简码、标志、信号、灯光及其他操作规程和规则的适当的标准制度。

三、在国际措施方面进行合作，以便航空地图和图表能按照本公约随时建议或制定的标准出版。

第五章 航空器应具备的条件

第二十九条 航空器应备文件

缔约国的每一航空器在从事国际航行时，应按照本公约规定的条件携带下列文件：

一、航空器登记证；

二、航空器适航证；

三、每一机组成员的适当的执照；

四、航空器航行记录簿；

五、航空器无线电台许可证，如该航空器装有无线电设备；

六、列有乘客姓名及其登机地与目的地的清单，如该航空器载有乘客；

七、货物舱单及详细的申报单，如该航空器载有货物。

第三十条 航空器无线电设备

一、各缔约国航空器在其他缔约国领土内或在其领土上空时，只有在具备该航空器登记国主管当局发给的设置及使用无线电发射设备的许可证时，才可以携带此项设备。在该航空器飞经的缔约国领土内使用无线电发射设备，应遵守该国制定的规章。

二、无线电发射设备只准许飞行组成员中持有航空器登记国主管当局为此发给的专门执照的人员使用。

第三十一条 适航证

凡从事国际航行的每一航空器，应备有该航空器登记国发给或核准的适航证。

第三十二条 人员执照

一、从事国际航行的每一航空器驾驶员及飞行机组其他成员，应备有该航空器登记国发给或核准的合格证书和执照。

二、就在本国领土上空飞行而言，缔约各国对其任何国民持有的由另一缔约国发给的合格证书和执照，保留拒绝承认的权利。

第三十三条 证书及执照的承认

登记航空器的缔约国发给或核准的适航证和合格证书及执照，其他缔约国应承认其有效。但发给或核准此项证书或执照的要求，须等于或高于根据本公约随时制定的最低标准。

第三十四条 航行记录簿

从事国际航行的每一航空器，应保持一份航行记录簿，以根据本公约随时规定的格式记载航空器、机组及每次航行的详情。

第三十五条 货物限制

一、从事国际航行的航空器，非经一国许可，在该国领土内或在该国领土上空时不得载运军火或作战物资。至于本条所指军火或作战物资的含意，各国应以规章自行确定，但为求得统一起见，应适当考虑国际民用航空组织随时所做的建议。

二、缔约各国为了公共秩序和安全，除第一款所列物品外，保留管制或禁止在其领土内或领土上空载运其他物品的权利。但在这方面，对从事国际航行的本国航空器和从事同样航行的其他国家的航空器，不得有所区别，也不得对在航空器上为航空器操作或航行所必要的或为机组成员或乘客的安全而必须携带和使用的器械加任何限制。

第三十六条 照相机

缔约各国可以禁止或管制在其领土上空的航空器内使用照相机。

第六章 国际标准及其建议措施

第三十七条 国际标准及程序的采用

缔约各国承允在关于航空器、人员、航路及各种辅助服务的规章、标准、程序及工作组织方面进行合作，凡采用统一办法而能便利、改进空中航行的事项，尽力求得可行的最高程度的一致。

为此，国际民用航空组织应根据需要就以下项目随时制定并修改国际标准及建议措施和程序：

一、通信系统和助航设备，包括地面标志；

二、机场和降落地区的特征；

三、空中规则和空中交通管制办法；

四、飞行和机务人员证件的颁发；

五、航空器的适航性；

六、航空器的登记和识别；

七、气象资料的收集和交换；

八、航行记录簿；

九、航空地图及图表；

十、海关和移民手续；

十一、航空器遇险和事故调查；以及随时认为适当的有关空中航行安全、正常性及效率的其他事项。

第三十八条 背离国际标准和程序

任何国家如认为对任何上述国际标准和程序，不能在一切方面遵行，或在任何国际标准和程序修改后，不能使其本国的规章和措施完全符合此项国际标准和程序，或该国认为有必要采用在某方面不同于国际标准所规定的规章和措施时，应立即将其本国的措施和国际标准所规定的措施之间的差别，通知国际民用航空组织。任何国家如在国际标准修改以后，对其本国规章或措施不作相应修改，应于国际标准修正案通过后六十天内通知理事会，或表明它拟采取的行动。在上述情况下，理事会应立即将国际标准和该国措施间在一项或几项上存在的差别通知所有其他各国。

第三十九条 证书及执照签注

一、任何航空器和航空器的部件，如有适航或性能方面的国际标准，而在发给证书时与此种标准在某个方面有所不符，应在其适航证上签注或加一附件，列举其不符各点的详情。

二、任何持有执照的人员如不完全符合所持执照或证书等级的国际标准所规定的条件，应在其执照上签注或加一附件，列举其不符此项条件的详情。

第四十条 签注证书和执照的效力

备有此种经签注的证书或执照的航空器或人员，除非经航空器所进入的领土所属国准许，不得参加国际航行。任何此项航空器或任何此项有证书的航空器部件，如在其原发证国以外的其他国家登记或使用，应由此项航空器或航空器部件所输入的国家自行决定能否予以登记或使用。

第四十一条 现行适航标准的承认

对于航空器或航空器设备，如其原型是在其国际适航标准采用之日起三年以内送交国家有关机关申请发给证书的，不适用本章的规定。

第四十二条 合格人员现行标准的承认

对于人员，如其执照最初是在此项人员资格的国际标准通过之日起一年以内发给的，不适用本章的规定；但对于从此项国际标准通过之日起，其执照继续有效五年的人员，本章的规定都应适用。

第二部分　国际民用航空组织

第七章　组　织

第四十三条　名称和组成

根据本公约成立一个定名为“国际民用航空组织”的组织。该组织由大会、理事会和其他必要的各国机构组成。

第四十四条　目的

国际民用航空组织的宗旨和目的在于发展国际航行的原则和技术，并促进国际航空运输的规划和发展，以：

一、确保全世界国际民用航空安全地和有秩序地发展；

二、鼓励为和平用途的航空器的设计和操作艺术；

三、鼓励发展国际民用航空应用的航路、机场和航行设施；

四、满足世界人民对安全、正常、有效和经济的航空运输的需要；

五、防止因不合理的竞争而造成经济上的浪费；

六、确保缔约各国的权利充分受到尊重，每一缔约国均有经营国际空运企业的公平的机会；

七、避免缔约各国之间的差别待遇；

八、促进国际航行的飞行安全；

九、普遍促进国际民用航空在各方面的发展。

第四十五条　永久地址

本组织的永久地址应由1944年12月7日在芝加哥签订的国际民用航空临时协定所设立的临时国际民用航空组织临时大会最后一次会议确定。本组织的地址经理事会决议可以暂迁他处。

第四十六条　大会第一届会议

大会第一届会议应由上述临时组织的临时理事会在本公约生效后立即召集。会议的时间和地点由临时理事会决定。

第四十七条　法律能力

本组织在缔约各国领土内应享有为履行其职能所必需的法律能力。凡与有关国家的宪法和法律不相抵触时，都应承认其完全的法人资格。

第八章 大 会

第四十八条 大会会议和表决

一、大会由理事会在适当的时间和地点每年召开一次。经理事会召集或经任何十个缔约国向秘书长提出要求，可以随时举行大会特别会议。

二、所有缔约国在大会会议上都有同等的代表权，每一缔约国应有一票的表决权，缔约各国代表可由技术顾问协助，顾问可以参加会议，但无表决权。

三、大会会议必须有过半数的缔约国构成法定人数。除本公约另有规定外，大会决议应由所投票数的过半数票通过。

第四十九条 大会的权力和职责

大会的权力和职责为：

一、在每次会议上选举大会主席和其他职员；

二、按照第九章的规定，选举参加理事会的缔约国；

三、审查理事会各项报告，对报告采取适当行动，并就理事会向大会提出的任何事项作出决定；

四、决定大会本身的议事规则，并设置其认为必要的或适宜的各种附属委员会；

五、按照第十二章的规定，表决本组织的年度预算，并表决本组织的财务安排；

六、审查本组织的支出费用，并批准本组织的账目；

七、根据自己的决定，将其职权范围内的任何事项交给理事会、附属委员会或任何其他机构处理；

八、赋予理事会为行使本组织职责所必需的或适宜的权力和职权，并随时撤销或变更所赋予的职权；

九、执行第十三章的各项有关规定；

十、审议有关变更或修正本公约条款的提案，如大会通过此项提案，则按照第二十一章的规定，将此项提案向各缔约国建议；

十一、处理在本组织职权范围内未经明确指定归理事会处理的任何事项。

第九章　理事会

第五十条　理事会的组成和选举

一、理事会是向大会负责的常设机构，由大会选出的二十一个缔约国组成。大会第一次会议应进行此项选举，此后每三年选举一次；当选的理事任职至下届选举时为止。

二、大会选举理事时，应给予下列国家以适当代表：

（一）在航空运输方面占主要地位的各国；

（二）未包括在其他项下的对提供国际民用航空航行设施做最大贡献的各国；

（三）未包括在其他项下的其当选可保证世界各主要地理区域的理事会中均有代表的各国。理事会中一有出缺，应由大会尽速补充；如此当选理事的缔约国，其任期应为其前任所未届满的任期。

三、缔约国担任理事的代表不得同时参与国际航空的经营或与此项航班有财务上的利害关系。

第五十一条　理事会主席

理事会应选举主席一人，任期三年，连选可以连任。理事会主席无表决权。理事会应从其理事中选举副主席一人或数人。副主席代理主席时，仍保留其表决权。主席不一定由理事会成员国代表中选出，但如有一名代表当选，即认为其理事席位出缺，应由其代表的国家另派代表。主席的职责如下：

一、召集理事会、航空运输委员会及航行委员会的会议；

二、充任理事会的代表；

三、以理事会的名义执行理事会委派给他的任务。

第五十二条　理事会的表决

理事会的决议需经过半数理事同意。理事会对任一特定事项可以授权由其理事组成的一委员会处理。对理事会任何委员会的决议，有关缔约国可以向理事会申诉。

第五十三条　无表决权参加会议

任何缔约国在理事会及其委员会和专门委员会审议特别影响该国利益

的任何问题时，可以参加会议，但无表决权。理事会成员国在理事会审议一项争端时，如其本身为争端的一方，则不得参加表决。

第五十四条 理事会必须履行的职能

理事会应：

一、向大会提出年度报告；

二、执行大会的指示和履行本公约为其规定的职责和义务；

三、决定其组织和议事规则；

四、在理事会各成员国代表中选择任命一对理事会负责的航空运输委员会，并规定其职责；

五、按照第十章的规定设立一航行委员会；

六、按照第十二章和第十五章的规定管理本组织的财务；

七、决定理事会主席的酬金；

八、按照第十一章的规定，任命一主要行政官员，称为秘书长，并规定对其他必要工作人员的任用办法；

九、征求、搜集、审查并出版关于空中航行的发展和国际航班经营的资料，包括经营的成本及以公共资金给予空运企业补贴等详细情形的资料；

十、向缔约各国报告关于违反本公约及不执行理事会建议或决定的任何情况；

十一、向大会报告关于一缔约国违反本公约而经通知后在一合理的期限内仍未采取适当行动的任何情况；

十二、按照本公约第六章的规定，通过国际标准及建议措施，并为便利起见，将这些种标准和措施称为本公约的附件，并将已采取的行动通知所有缔约国；

十三、审议航行委员会有关修改附件的建议，并按照第二十章的规定采取行动；

十四、审议任何缔约国向理事会提出的关于本公约的任何事项。

第五十五条 理事会可以行使的职能

理事会可以：

一、在适当的情况下并根据经验认为需要的时候，在地区或其他基础上，设立附属的航空运输委员会，并划分国家或空运企业的组别，以便理事会与其一起或通过其促进实现本公约的宗旨；

二、委托航行委员会行使本公约规定以外的职责，并随时撤销或变更此种职责；

三、对具有国际意义的航空运输和空中航行的一切方面进行研究，将研究结果通知各缔约国，并促进缔约国之间交换有关航空运输和空中航行的资料；

四、研究有关国际航空运输的组织和经营的任何问题，包括干线上国际航班的国际所有和国际经营的问题，并将有关计划提交大会；

五、根据任何一个缔约国的要求，调查对国际空中航行的发展可能出现本可避免的障碍的任何情况，并在调查后发布其认为适宜的报告。

第十章　航行委员会

第五十六条　委员会的提名和任命

航行委员会由理事会在缔约国提名的人员中任命委员十二人组成。此等人员对航空的科学知识和实践应具有合适的资格和经验。理事会应要求所有缔约国提名。航行委员会的主席由理事会任命。

第五十七条　委员会的职责

航行委员会应：

一、对本公约附件的修改进行审议并建议理事会予以通过；

二、成立技术小组委员会，任何缔约国如愿意参加，都可指派代表；

三、在向各缔约国收集和传递其认为对改进空中航行有必要和有用的一切资料方面，向理事会提供意见。

第十一章　人　事

第五十八条　人员的任命

在符合大会制定的一切规则和本公约条款的情况下，理事会确定秘书长及本组织其他人员的任命及任用终止的办法、训练、薪金、津贴及服务条件，并可雇用任一缔约国国民或使用其服务。

第五十九条　人员的国际性

理事会主席、秘书长以及其他人员对于执行自己的职务，不得征求或接受本组织以外任何当局的指示。缔约各国承允充分尊重此等人员职务的国际性，并不谋求对其任一国民在执行此项职务时施加影响。

第六十条 人员的豁免和特权

缔约各国承允在其宪法程序允许的范围内，对本组织理事会主席、秘书长和其他人员，给以其他国际公共组织相当人员所享受的豁免和特权。如对国际公务人员的豁免和特权达成普遍性国际协定时，则给予本组织理事会主席、秘书长及其他人员的豁免和特权，应为该项普遍性国际协定所给予的豁免和特权。

第十二章 财 政

第六十一条 预算和开支分摊

理事会应将年度预算、年度决算和全部收支的概算提交大会。大会应对预算连同其认为应做的修改进行表决，并除按第十五章规定向各国分摊其同意缴纳的款项外，应将本组织的开支按照随时确定的办法在各缔约国间分摊。

第六十二条 中止表决权

任何缔约国如在合理期限内，不向本组织履行其财务上的义务时，大会可以中止其在大会和理事会的表决权。

第六十三条 代表团及其他代表的费用

缔约各国应负担其出席大会的本国代表团的开支，以及由其任命在理事会工作的任何人员及其出席本组织附属的任何委员会或专门委员会指派人员或代表的报酬、旅费及其他费用。

第十三章 其他国际协议

第六十四条 有关安全的协议

本组织对于在其权限范围之内直接影响世界安全的航空事宜，经由大会表决后，可以与世界各国为保持和平而成立的任何普遍性组织缔结适当的协议。

第六十五条 与其他国际机构订立协议

理事会可以代表本组织同其他国际机构缔结关于合用服务和有关人事的

共同安排的协议，并经大会批准后，可以缔结其他为便利本组织工作的协议。

第六十六条 关于其他协定的职能

一、本组织并应根据1944年12月7日在芝加哥订立的国际航班过境协定和国际航空运输协定所规定的条款和条件，履行该两项协定为本组织规定的职能。

二、凡大会和理事会成员国未接受1944年12月7日在芝加哥订立的国际航班过境协定或国际航空运输协定的，对根据此项有关协定的条款而提交大会或理事会的任何问题，没有表决权。

第三部分 国际航空运输

第十四章 资料和报告

第六十七条 向理事会送交报告

缔约各国承允，各该国的国际空运企业按照理事会规定的要求，向理事会送交运输报告、成本统计，以及包括说明一切收入及其来源的财务报告。

第十五章 机场及其他航行设施

第六十八条 航路和机场的指定

缔约各国在不违反本公约的规定下，可以指定任何国际航班在其领土内应遵循的航路和可以使用的机场。

第六十九条 航行设施的改进

理事会如认为某一缔约国的机场或其他航行设施，包括无线电及气象服务，对现有的或筹划中的国际航班的安全、正常、有效和经济的经营尚不够完善时，应与直接有关的国家和影响所及的其他国家磋商，以寻求补救办法，并可对此提出建议。缔约国如不履行此项建议时，不应作违反本公约论。

第七十条 提供航行设施费用

一缔约国在第六十九条规定所引起的情况下，可以与理事会达成协议，以实施该项建议。该国可以自愿担负任何此项协议所必需的一切费用。该国如不愿担负时，理事会可应该国的请求，同意提供全部或一部分费用。

第七十一条 理事会对设施的提供和维护

如一缔约国请求，理事会可以同意全部或部分地提供、维护和管理在该国领土内为其他缔约国国际航班安全、正常、有效和经济的经营所需要的机场及其他航行设施，包括无线电和气象服务，并提供所需的人员。理事会可以规定使用此项设施的公平和合理的费用。

第七十二条 土地的取得或使用

经缔约国请求由理事会全部或部分提供费用的设施，如需用土地时，该国应自行供给。如愿意时可保留此项土地的所有权，或根据该国法律，按照公平合理的条件，对理事会使用此项土地给予便利。

第七十三条 开支和经费的分摊

理事会在大会根据第十二章拨给理事会使用的经费范围内，可以从本组织的总经费中为本章的目的支付经常费用。为本章的目的所需的资金，由理事会按预先同意的比例在一合理期间内，向使用此项设施的空运企业所属的并同意承担的缔约国分摊。理事会也可以向同意承担的国家分摊任何必需的周转金。

第七十四条 技术援助和收入的利用

理事会经一缔约国的要求为其垫款，或全部或部分地提供机场或其他设施时，经该国同意，可以在协议中规定在机场及其设施的管理和经营方面予以技术援助；并规定从经营机场及其他设施的收入中，支付机场及其他设施的业务开支、利息及分期偿还费用。

第七十五条 从理事会接收设备

缔约国可以随时解除其按照第七十条所担负的任何义务，偿付理事会按情况认为合理的款额，以接收理事会根据第七十一条和第七十二条规定在其领土内设置的机场和其他设施。如该国认为理事会所定的数额不合理时，可以对理事会的决定向大会申诉，大会可以确认或修改理事会的决定。

第七十六条 款项的退还

理事会根据第七十五条收回的款项及根据第七十四条所得的利息和分

期偿还款项，如原款是按照第七十三条由各国垫付，应由理事会决定按照各该国原垫款的比例退还各该国。

第十六章　联营组织和合营航班

第七十七条　允许联合经营组织

本公约不妨碍两个或两个以上缔约国组成航空运输的联营组织或国际性的经营机构，以及在任何航线或地区合营航班。但此项组织或机构的合营航班，应遵守本公约的一切规定，包括关于将协定向理事会登记的规定。理事会应决定本公约关于航空器国籍的规定以何种方式适合于国际经营机构所用的航空器。

第七十八条　理事会的职能

理事会可以建议各有关缔约国在任何航线或任何地区建立联合组织经营航班。

第七十九条　参加经营组织

一国可以通过其政府或由其政府指定的一家或几家空运企业，参加联营组织或合营安排。此种企业可以是国有、部分国有或私有，完全由有关国家自行决定。

第四部分　最后条款

第十七章　其他航空协定和协议

第八十条　巴黎公约和哈瓦那公约

缔约各国承允，如该国是1919年10月13日在巴黎签订的空中航行管理公约或1928年2月20日在哈瓦那签订的商业航空公约的缔约国，则在本公约生效时，立即声明退出上述公约。在各缔约国间，本公约即代替上述巴黎公约和哈瓦那公约。

第八十一条　现行协定的登记

本公约生效时，一缔约国和任何其他国家间，或一缔约国空运企业和任何其他国家或其他国家空运企业间的一切现行航空协定，应立即向理事会登记。

第八十二条 废除与本公约抵触的协议

缔约各国承认本公约废除了彼此间所有与本公约条款相抵触的义务和谅解，并承允不再承担任何此类义务和达成任何此类谅解。一缔约国如在成为本组织的成员国以前，曾对某一非缔约国或某一缔约国的国民或非缔约国的国民，承担了与本公约的条款相抵触的任何义务，应立即采取步骤，解除其义务。任何缔约国的空运企业如已经承担了任何此类与本公约相抵触的义务，该空运企业所属国应以最大努力立即终止该项义务。无论如何，应在本公约生效后，可以合法地采取这种行动时，终止此种义务。

第八十三条 新协议的登记

任何缔约国在不违反前条的规定下，可以订立与本公约各规定不相抵触的协议。任何此种协议，应立即向理事会登记，理事会应尽速予以公布。

第八十三条分条① 职责和义务的转移

注①：一九八〇年十月六日，大会修正芝加哥公约，增加第八十三条分条。该条尚未生效。

一、尽管有第十二条、第三十条、第三十一条和第三十二条第一款的规定，当在一缔约国登记的航空器由在另一缔约国有主营业所或永久居所的经营人根据租用、包用或互换航空器的协议或者任何其他类似协议经营时，登记国可以与该另一国通过协议，将第十二条、第三十条、第三十一条和第三十二条第一款赋予登记国对该航空器的职责和义务转移至该另一国。登记国应被解除对已转移的职责和义务的责任。

二、上述协议未按照第八十三条的规定向理事会登记并公布之前，或者该协议的存在和范围未由协议当事国直接通知各有关缔约国，转移对其他缔约国不发生效力。

三、上述第一款和第二款的规定对第七十七条所指的情况同样适用。

第十八章 争端和违约

第八十四条 争端的解决

如两个或两个以上缔约国对本公约及其附件的解释或适用发生争议，而不能协商解决时，经任何与争议有关的一国申请，应由理事会裁决。理事会成员国如为争端的一方，在理事会审议时，不得参加表决。任何缔约国可以按照第八十五条，对理事会的裁决向争端他方同意的特设仲裁庭或向常设国际法院上诉。任何此项上诉应在接获理事会裁决通知后六十天内通知理事会。

第八十五条　仲裁程序

对理事会的裁决上诉时，如争端任何一方的缔约国未接受常设国际法院的规约，而争端各方的缔约国又不能在仲裁庭的选择方面达成协议，争端各方缔约国应各指定一仲裁员，再由仲裁员指定一仲裁长。如争端任何一方的缔约国从上诉之日起三个月内未能指定一仲裁员，理事会主席应代替该国从理事会所保存的合格的并可供使用的人员名单中，指定一仲裁员。如各仲裁员在三十天内对仲裁长不能达成协议，理事会主席应从上述名单中指定一仲裁长。各仲裁员和该仲裁长应即联合组成一仲裁庭。根据本条或前条组成的任何仲裁庭，应决定其自己的议事程序，并以多数票作出裁决。但理事会如认为有任何过分延迟的情形，可以对程序问题作出决定。

第八十六条　上诉

除非理事会另有决定，理事会对一国际空运企业的经营是否符合本公约规定的任何裁决，未经上诉撤销，应仍保持有效。关于任何其他事件，理事会的裁决一经上诉，在上诉裁决以前应暂停有效。常设国际法院和仲裁庭的裁决，应为最终的裁决并具有约束力。

第八十七条　对空运企业不遵守规定的处罚

缔约各国承允，如理事会认为一缔约国的空运企业未遵守根据前条所作的最终裁决时，即不准该空运企业在其领土之上的空气空间飞行。

第八十八条　对缔约国不遵守规定的处罚

大会对违反本章规定的任何缔约国，应暂停其在大会和理事会的表决权。

第十九章　战　争

第八十九条　战争和紧急状态

如遇战争，本公约的规定不妨碍受战争影响的任一缔约国的行动自由，无论其为交战国或中立国。如遇任何缔约国宣布其处于紧急状态，并将此事通知理事会，上述原则同样适用。

第二十章 附 件

第九十条 附件的通过和修正

一、第五十四条第十二款所述的附件，应经为此目的而召开的理事会会议三分之二的票数通过，然后由理事会将此种附件分送缔约各国。任何此种附件或任何附件的修正案，应在送交缔约各国后三个月内，或在理事会所规定的较长时期终了时生效，除非在此期间有半数以上缔约国向理事会表示反对。

二、理事会应将任何附件或其修正案的生效（日期），立即通知所有缔约国。

第二十一章 批准、加入、修正和退出

第九十一条 公约的批准

一、本公约应由各签署国批准。批准书应交存美利坚合众国政府档案处，该国政府应将交存日期通知各签署国和加入国。

二、本公约一经二十六个国家批准或加入后，在第二十六件批准书交存以后第三十天起即在各该国间生效。以后每一国家批准本公约，在其批准书交存后第三十天起对该国生效。

三、美利坚合众国政府应负责将本公约的生效日期通知各签署国和加入国。

第九十二条 公约的加入

一、本公约应对联合国成员国、与联合国有联系的国家以及在此次世界战争中保持中立的国家开放加入。

二、加入本公约应以通知书送交美利坚合众国政府，并从美利坚合众国政府收到通知书后第三十天起生效，美利坚合众国政府并应通知缔约各国。

第九十三条 准许其他国家参加

第九十一条和第九十二条第一款规定以外的国家，在世界各国为保持

和平所设立的任何普遍性国际组织的许可下，经大会五分之四的票数通过并在大会可能规定的各种条件下，准许参加本公约；但在每一情况下，应以取得在此次战争中受该请求加入的国家入侵或攻击过的国家的同意为必要条件。

第九十三条分条①

注①：一九四七年五月二十七日，大会决定修正芝加哥公约，增加第九十三条分条。根据公约第九十四条第一款的规定，该修正案于一九六一年三月二十日起对批准该修正案的国家生效。

一、尽管有以上第九十一条、第九十二条和第九十三条的规定。

（一）一国如联合国大会已建议将其政府排除出由联合国建立或与联合国有联系的国际机构，即自动丧失国际民用航空组织成员国的资格；

（二）一国如已被开除出联合国，即自动丧失国际民用航空组织成员国的资格，除非联合国大会对其开除行动附有相反的建议。

二、一国由于上述第一款的规定而丧失国际民用航空组织成员国的资格，经申请，由理事会多数通过，并得到联合国大会批准后，可以重新加入国际民用航空组织。

三、本组织的成员国，如被暂停行使联合国成员国的权利和特权，根据联合国的要求，应暂停其本组织成员国的权利和特权。

第九十四条 公约的修正

一、对本公约所建议的任何修正案，必须经大会三分之二票数通过，并在大会规定数目的缔约国批准后，对已经批准的国家开始生效。规定的国家数目应不少于缔约国总数的三分之二。

二、如大会认为由于修正案的性质而有必要时，可以在其建议通过该修正案的决议中规定，任何国家在该修正案生效后规定的时期内未予批准，即丧失其为本组织成员国及公约参加国的资格。

第九十五条 退出公约

一、任何缔约国在公约生效后三年，可以用通知书通知美利坚合众国政府退出本公约，美利坚合众国政府应立即通知各缔约国。

二、退出公约从收到通知书之日起一年后生效，并仅对宣告退出的国家生效。

第二十二章 定 义

第九十六条

就本公约而言：

一、“航班”指以航空器从事乘客、邮件或货物的公共运输的任何定期航班。

二、“国际航班”指经过一个以上国家领土之上的空气间的航班。

三、“空运企业”指提供或经营国际航班的任何航空运输企业。

四、“非商业性降停”指任何目的不在于上下乘客、货物或邮件的降停。

公约的签署

下列全权代表经正式授权，各代表其本国政府在本公约上签署，以资证明，签署日期列于署名的一侧。

本公约以英文于1944年12月7日签订于芝加哥。以英文、法文、西班牙文和俄文（一九七七年九月三十日，大会决定修正芝加哥公约，增加以俄文写成的作准文本。该修正案尚未生效）写成的各种文本是具有同等效力的文本。这些文本都存放于美利坚合众国政府档案处，由该政府将经过认证的副本分送在本公约上签字的或加入本公约的各国政府。本公约应在华盛顿（哥伦比亚特区）开放签署。

附录二 《中华人民共和国民用航空法》

1995年10月30日第八届全国人民代表大会常务委员会第十六次会议通过
1995年10月30日中华人民共和国主席令第五十六号公布
自1996年3月1日起施行

第一章 总 则

第一条 为了维护国家的领空主权和民用航空权利，保障民用航空活动安全和有秩序地进行，保护民用航空活动当事人各方的合法权益，促进民用航空事业的发展，制定本法。

第二条 中华人民共和国的领陆和领水之上的空域为中华人民共和国领空。中华人民共和国对领空享有完全的、排他的主权。

第三条 国务院民用航空主管部门对全国民用航空活动实施统一监督管理；根据法律和国务院的决定，在本部门的权限内，发布有关民用航空活动的规定、决定。

国务院民用航空主管部门设立的地区民用航空管理机构依照国务院民用航空主管部门的授权，监督管理各该地区的民用航空活动。

第四条 国家扶持民用航空事业的发展，鼓励和支持发展民用航空的科学研究和教育事业，提高民用航空科学技术水平。

国家扶持民用航空器制造业的发展，为民用航空活动提供安全、先进、经济、适用的民用航空器。

第二章 民用航空器国籍

第五条 本法所称民用航空器，是指除用于执行军事、海关、警察飞行任务外的航空器。

第六条 经中华人民共和国国务院民用航空主管部门依法进行国籍登

记的民用航空器，具有中华人民共和国国籍，由国务院民用航空主管部门发给国籍登记证书。

国务院民用航空主管部门设立中华人民共和国民用航空器国籍登记簿，统一记载民用航空器的国籍登记事项。

第七条 下列民用航空器应当进行中华人民共和国国籍登记：

（一）中华人民共和国国家机构的民用航空器；

（二）依照中华人民共和国法律设立的企业法人的民用航空器；企业法人的注册资本中有外商出资的，其机构设置、人员组成和中方投资人的出资比例，应当符合行政法规的规定；

（三）国务院民用航空主管部门准予登记的其他民用航空器。

自境外租赁的民用航空器，承租人符合前款规定，该民用航空器的机组人员由承租人配备的，可以申请登记中华人民共和国国籍，但是必须先予注销该民用航空器原国籍登记。

第八条 依法取得中华人民共和国国籍的民用航空器，应当标明规定的国籍标志和登记标志。

第九条 民用航空器不得具有双重国籍。未注销外国国籍的民用航空器不得在中华人民共和国申请国籍登记。

第三章 民用航空器权利

第一节 一般规定

第十条 本章规定的对民用航空器的权利，包括对民用航空器构架、发动机、螺旋桨、无线电设备和其他一切为了在民用航空器上使用的，无论安装于其上或者暂时拆离的物品的权利。

第十一条 民用航空器权利人应当就下列权利分别向国务院民用航空主管部门办理权利登记：

（一）民用航空器所有权；

（二）通过购买行为取得并占有民用航空器的权利；

（三）根据租赁期限为六个月以上的租赁合同占有民用航空器的权利；

（四）民用航空器抵押权。

第十二条 国务院民用航空主管部门设立民用航空器权利登记簿。同一民用航空器的权利登记事项应当记载于同一权利登记簿中。

民用航空器权利登记事项，可以供公众查询、复制或者摘录。

第十三条 除民用航空器经依法强制拍卖外，在已经登记的民用航空器权利得到补偿或者民用航空器权利人同意之前，民用航空器的国籍登记或者权利登记不得转移至国外。

第二节 民用航空器所有权和抵押权

第十四条 民用航空器所有权的取得、转让和消灭，应当向国务院民用航空主管部门登记；未经登记的，不得对抗第三人。

民用航空器所有权的转让，应当签订书面合同。

第十五条 国家所有的民用航空器，由国家授予法人经营管理或者使用的，本法有关民用航空器所有人的规定适用于该法人。

第十六条 设定民用航空器抵押权，由抵押权人和抵押人共同向国务院民用航空主管部门办理抵押权登记；未经登记的，不得对抗第三人。

第十七条 民用航空器抵押权设定后，未经抵押权人同意，抵押人不得将被抵押民用航空器转让他人。

第三节 民用航空器优先权

第十八条 民用航空器优先权，是指债权人依照本法第十九条规定，向民用航空器所有人、承租人提出赔偿请求，对产生该赔偿请求的民用航空器具有优先受偿的权利。

第十九条 下列各项债权具有民用航空器优先权：

（一）援救该民用航空器的报酬；

（二）保管维护该民用航空器的必需费用。

前款规定的各项债权，后发生的先受偿。

第二十条 本法第十九条规定的民用航空器优先权，其债权人应当自援救或者保管维护工作终了之日起三个月内，就其债权向国务院民用航空主管部门登记。

第二十一条 为了债权人的共同利益，在执行人民法院判决以及拍卖过程中产生的费用，应当从民用航空器拍卖所得价款中先行拨付。

第二十二条 民用航空器优先权先于民用航空器抵押权受偿。

第二十三条 本法第十九条规定的债权转移的，其民用航空器优先权随之转移。

第二十四条 民用航空器优先权应当通过人民法院扣押产生优先权的民用航空器行使。

第二十五条 民用航空器优先权自援救或者保管维护工作终了之日起满三个月时终止；但是，债权人就其债权已经依照本法第二十条规定登记，并具有下列情形之一的除外：

（一）债权人、债务人已经就此项债权的金额达成协议；

（二）有关此项债权的诉讼已经开始。

民用航空器优先权不因民用航空器所有权的转让而消灭；但是，民用航空器经依法强制拍卖的除外。

第四节 民用航空器租赁

第二十六条 民用航空器租赁合同，包括融资租赁合同和其他租赁合同，应当以书面形式订立。

第二十七条 民用航空器的融资租赁，是指出租人按照承租人对供货方和民用航空器的选择，购得民用航空器，出租给承租人使用，由承租人定期交纳租金。

第二十八条 融资租赁期间，出租人依法享有民用航空器所有权，承租人依法享有民用航空器的占有、使用、收益权。

第二十九条 融资租赁期间，出租人不得干扰承租人依法占有、使用民用航空器；承租人应当适当地保管民用航空器，使之处于原交付时的状态，但是合理损耗和经出租人同意的对民用航空器的改变除外。

第三十条 融资租赁期满，承租人应当将符合本法第二十九条规定状态的民用航空器退还出租人；但是，承租人依照合同行使购买民用航空器的权利或者为继续租赁而占有民用航空器的除外。

第三十一条 民用航空器融资租赁中的供货方，不就同一损害同时对出租人和承租人承担责任。

第三十二条 融资租赁期间，经出租人同意，在不损害第三人利益的情况下，承租人可以转让其对民用航空器的占有权或者租赁合同约定的其他权利。

第三十三条 民用航空器的融资租赁和租赁期限为六个月以上的其他租赁，承租人应当就其对民用航空器的占有权向国务院民用航空主管部门办理登记；未经登记的，不得对抗第三人。

第四章 民用航空器适航管理

第三十四条 设计民用航空器及其发动机、螺旋桨和民用航空器上设备，应当向国务院民用航空主管部门申请领取型号合格证书。经审查合格的，发给型号合格证书。

第三十五条 生产、维修民用航空器及其发动机、螺旋桨和民用航空器上设备，应当向国务院民用航空主管部门申请领取生产许可证书、维修许可证书。经审查合格的，发给相应的证书。

第三十六条 外国制造人生产的任何型号的民用航空器及其发动机、螺旋桨和民用航空器上设备，首次进口中国的，该外国制造人应当向国务院民用航空主管部门申请领取型号认可证书。经审查合格的，发给型号认可证书。

已取得外国颁发的型号合格证书的民用航空器及其发动机、螺旋桨和民用航空器上设备，首次在中国境内生产的，该型号合格证书的持有人应当向国务院民用航空主管部门申请领取型号认可证书。经审查合格的，发给型号认可证书。

第三十七条 具有中华人民共和国国籍的民用航空器，应当持有国务院民用航空主管部门颁发的适航证书，方可飞行。

出口民用航空器及其发动机、螺旋桨和民用航空器上设备，制造人应当向国务院民用航空主管部门申请领取出口适航证书。经审查合格的，发给出口适航证书。

租用的外国民用航空器，应当经国务院民用航空主管部门对其原国籍登记国发给的适航证书审查认可或者另发适航证书，方可飞行。

民用航空器适航管理规定，由国务院制定。

第三十八条 民用航空器的所有人或者承租人应当按照适航证书规定的使用范围使用民用航空器，做好民用航空器的维修保养工作，保证民用航空器处于适航状态。

第五章 航空人员

第一节 一般规定

第三十九条 本法所称航空人员，是指下列从事民用航空活动的空勤人员和地面人员：

（一）空勤人员，包括驾驶员、领航员、飞行机械人员、飞行通信员、乘务员；

（二）地面人员，包括民用航空器维修人员、空中交通管制员、飞行签派员、航空电台通信员。

第四十条 航空人员应当接受专门训练，经考核合格，取得国务院民用航空主管部门颁发的执照，方可担任其执照载明的工作。

空勤人员和空中交通管制员在取得执照前，还应当接受国务院民用航空主管部门认可的体格检查单位的检查，并取得国务院民用航空主管部门颁发的体格检查合格证书。

第四十一条 空勤人员在执行飞行任务时，应当随身携带执照和体格检查合格证书，并接受国务院民用航空主管部门的查验。

第四十二条 航空人员应当接受国务院民用航空主管部门定期或者不定期的检查和考核；经检查、考核合格的，方可继续担任其执照载明的工作。

空勤人员还应当参加定期的紧急程序训练。

空勤人员间断飞行的时间超过国务院民用航空主管部门规定时限的，应当经过检查和考核；乘务员以外的空勤人员还应当经过带飞。经检查、考核、带飞合格的，方可继续担任其执照载明的工作。

第二节 机　组

第四十三条 民用航空器机组由机长和其他空勤人员组成。机长应当由具有独立驾驶该型号民用航空器的技术和经验的驾驶员担任。

机组的组成和人员数额，应当符合国务院民用航空主管部门的规定。

第四十四条 民用航空器的操作由机长负责，机长应当严格履行职责，保护民用航空器及其所载人员和财产的安全。

机长在其职权范围内发布的命令，民用航空器所载人员都应当执行。

第四十五条 飞行前，机长应当对民用航空器实施必要的检查；未经检查，不得起飞。

机长发现民用航空器、机场、气象条件等不符合规定，不能保证飞行安全的，有权拒绝起飞。

第四十六条 飞行中，对于任何破坏民用航空器、扰乱民用航空器内秩序、危害民用航空器所载人员或者财产安全以及其他危及飞行安全的行为，在保证安全的前提下，机长有权采取必要的适当措施。

飞行中，遇到特殊情况时，为保证民用航空器及其所载人员的安全，机长有权对民用航空器作出处置。

第四十七条 机长发现机组人员不适宜执行飞行任务的，为保证飞行安全，有权提出调整。

第四十八条 民用航空器遇险时，机长有权采取一切必要措施，并指挥机组人员和航空器上其他人员采取抢救措施。在必须撤离遇险民用航空器的紧急情况下，机长必须采取措施，首先组织旅客安全离开民用航空器；未经机长允许，机组人员不得擅自离开民用航空器；机长应当最后离开民用航空器。

第四十九条 民用航空器发生事故，机长应当直接或者通过空中交通管制单位，如实将事故情况及时报告国务院民用航空主管部门。

第五十条 机长收到船舶或者其他航空器的遇险信号，或者发现遇险的船舶、航空器及其人员，应当将遇险情况及时报告就近的空中交通管制单位并给予可能的合理的援助。

第五十一条 飞行中，机长因故不能履行职务的，由仅次于机长职务的驾驶员代理机长；在下一个经停地起飞前，民用航空器所有人或者承租人应当指派新机长接任。

第五十二条 只有一名驾驶员，不需配备其他空勤人员的民用航空器，本节对机长的规定，适用于该驾驶员。

第六章 民用机场

第五十三条 本法所称民用机场，是指专供民用航空器起飞、降落、滑行、停放以及进行其他活动使用的划定区域，包括附属的建筑物、装置和设施。

本法所称民用机场不包括临时机场。

军民合用机场由国务院、中央军事委员会另行制定管理办法。

第五十四条 民用机场的建设和使用应当统筹安排、合理布局，提高机场的使用效率。

全国民用机场的布局和建设规划，由国务院民用航空主管部门会同国务院其他有关部门制定，并按照国家规定的程序，经批准后组织实施。

省、自治区、直辖市人民政府应当根据全国民用机场的布局和建设规划，制定本行政区域内的民用机场建设规划，并按照国家规定的程序报经批准后，将其纳入本级国民经济和社会发展规划。

第五十五条 民用机场建设规划应当与城市建设规划相协调。

第五十六条 新建、改建和扩建民用机场，应当符合依法制定的民用机场布局和建设规划，符合民用机场标准，并按照国家规定报经有关主管机关批准并实施。

不符合依法制定的民用机场布局和建设规划的民用机场建设项目，不得批准。

第五十七条 新建、扩建民用机场，应当由民用机场所在地县级以上地方人民政府发布公告。

前款规定的公告应当在当地主要报纸上刊登，并在拟新建、扩建机场周围地区张贴。

第五十八条 禁止在依法划定的民用机场范围内和按照国家规定划定的机场净空保护区域内从事下列活动：

（一）修建可能在空中排放大量烟雾、粉尘、火焰、废气而影响飞行安全的建筑物或者设施；

（二）修建靶场、强烈爆炸物仓库等影响飞行安全的建筑物或者设施；

（三）修建不符合机场净空要求的建筑物或者设施；

（四）设置影响机场目视助航设施使用的灯光、标志或者物体；

（五）种植影响飞行安全或者影响机场助航设施使用的植物；

（六）饲养、放飞影响飞行安全的鸟类动物和其他物体；

（七）修建影响机场电磁环境的建筑物或者设施。

禁止在依法划定的民用机场范围内放养牲畜。

第五十九条 民用机场新建、扩建的公告发布前，在依法划定的民用机场范围内和按照国家规定划定的机场净空保护区域内存在的可能影响飞行安全的建筑物、构筑物、树木、灯光和其他障碍物体，应当在规定的期限内清除；对由此造成的损失，应当给予补偿或者依法采取其他补救措施。

第六十条 民用机场新建、扩建的公告发布后，任何单位和个人违反本法和有关行政法规的规定，在依法划定的民用机场范围内和按照国家规定划定的机场净空保护区域内修建、种植或者设置影响飞行安全的建筑物、构筑物、树木、灯光和其他障碍物体的，由机场所在地县级以上地方人民政府责令清除；由此造成的损失，由修建、种植或者设置该障碍物体的人承担。

第六十一条 在民用机场及其按照国家规定划定的净空保护区域以外，对可能影响飞行安全的高大建筑物或者设施，应当按照国家有关规定设置飞行障碍灯和标志，并使其保持正常状态。

第六十二条 民用机场应当持有机场使用许可证，方可开放使用。

民用机场具备下列条件，并按照国家规定经验收合格后，方可申请机场使用许可证：

（一）具备与其运营业务相适应的飞行区、航站区、工作区以及服务设施和人员；

（二）具备能够保障飞行安全的空中交通管制、通信导航、气象等设施和人员；

（三）具备符合国家规定的安全保卫条件；

（四）具备处理特殊情况的应急计划以及相应的设施和人员；

（五）具备国务院民用航空主管部门规定的其他条件。

国际机场还应当具备国际通航条件，设立海关和其他口岸检查机关。

第六十三条 民用机场使用许可证由机场管理机构向国务院民用航空主管部门申请，经国务院民用航空主管部门审查批准后颁发。

第六十四条 设立国际机场，由国务院民用航空主管部门报请国务院审查批准。

国际机场的开放使用，由国务院民用航空主管部门对外公告；国际机场资料由国务院民用航空主管部门统一对外提供。

第六十五条 民用机场应当按照国务院民用航空主管部门的规定，采取措施，保证机场内人员和财产的安全。

第六十六条 供运输旅客或者货物的民用航空器使用的民用机场，应当按照国务院民用航空主管部门规定的标准，设置必要设施，为旅客和货物托运人、收货人提供良好服务。

第六十七条 民用机场管理机构应当依照环境保护法律、行政法规的规定，做好机场环境保护工作。

第六十八条 民用航空器使用民用机场及其助航设施的，应当缴纳使用费、服务费；使用费、服务费的收费标准，由国务院民用航空主管部门会同国务院财政部门、物价主管部门制定。

第六十九条 民用机场废弃或者改作他用，民用机场管理机构应当依照国家规定办理报批手续。

第七章 空中航行

第一节 空域管理

第七十条 国家对空域实行统一管理。

第七十一条 划分空域，应当兼顾民用航空和国防安全的需要以及公众的利益，使空域得到合理、充分、有效的利用。

第七十二条 空域管理的具体办法，由国务院、中央军事委员会制定。

第二节　飞行管理

第七十三条　在一个划定的管制空域内，由一个空中交通管制单位负责该空域内的航空器的空中交通管制。

第七十四条　民用航空器在管制空域内进行飞行活动，应当取得空中交通管制单位的许可。

第七十五条　民用航空器应当按照空中交通管制单位指定的航路和飞行高度飞行；因故确需偏离指定的航路或者改变飞行高度飞行的，应当取得空中交通管制单位的许可。

第七十六条　在中华人民共和国境内飞行的航空器，必须遵守统一的飞行规则。

进行目视飞行的民用航空器，应当遵守目视飞行规则，并与其他航空器、地面障碍物体保持安全距离。

进行仪表飞行的民用航空器，应当遵守仪表飞行规则。

飞行规则由国务院、中央军事委员会制定。

第七十七条　民用航空器机组人员的飞行时间、执勤时间不得超过国务院民用航空主管部门规定的时限。

民用航空器机组人员受到酒类饮料、麻醉剂或者其他药物的影响，损及工作能力的，不得执行飞行任务。

第七十八条　民用航空器除按照国家规定经特别批准外，不得飞入禁区；除遵守规定的限制条件外，不得飞入限制区。

前款规定的禁区和限制区，依照国家规定划定。

第七十九条　民用航空器不得飞越城市上空；但是，有下列情形之一的除外：

（一）起飞、降落或者指定的航路所必需的；

（二）飞行高度足以使该航空器在发生紧急情况时离开城市上空，而不致危及地面上的人员、财产安全的；

（三）按照国家规定的程序获得批准的。

第八十条　飞行中，民用航空器不得投掷物品；但是，有下列情形之一的除外：

（一）飞行安全所必需的；

（二）执行救助任务或者符合社会公共利益的其他飞行任务所必需的。

第八十一条 民用航空器未经批准不得飞出中华人民共和国领空。

对未经批准正在飞离中华人民共和国领空的民用航空器，有关部门有权根据具体情况采取必要措施，予以制止。

第三节 飞行保障

第八十二条 空中交通管制单位应当为飞行中的民用航空器提供空中交通服务，包括空中交通管制服务、飞行情报服务和告警服务。

提供空中交通管制服务，旨在防止民用航空器同航空器、民用航空器同障碍物体相撞，维持并加速空中交通的有秩序的活动。

提供飞行情报服务，旨在提供有助于安全和有效地实施飞行的情报和建议。

提供告警服务，旨在当民用航空器需要搜寻援救时，通知有关部门，并根据要求协助该有关部门进行搜寻援救。

第八十三条 空中交通管制单位发现民用航空器偏离指定航路、迷失航向时，应当迅速采取一切必要措施，使其回归航路。

第八十四条 航路上应当设置必要的导航、通信、气象和地面监视设备。

第八十五条 航路上影响飞行安全的自然障碍物体，应当在航图上标明；航路上影响飞行安全的人工障碍物体，应当设置飞行障碍灯和标志，并使其保持正常状态。

第八十六条 在距离航路边界三十公里以内的地带，禁止修建靶场和其他可能影响飞行安全的设施；但是，平射轻武器靶场除外。

在前款规定地带以外修建固定的或者临时性对空发射场，应当按照国家规定获得批准；对空发射场的发射方向，不得与航路交叉。

第八十七条 任何可能影响飞行安全的活动，应当依法获得批准，并采取确保飞行安全的必要措施，方可进行。

第八十八条 国务院民用航空主管部门应当依法对民用航空无线电台和分配给民用航空系统使用的专用频率实施管理。

任何单位或者个人使用的无线电台和其他仪器、装置，不得妨碍民用航空无线电专用频率的正常使用。对民用航空无线电专用频率造成有害干扰的，有关单位或者个人应当迅速排除干扰；未排除干扰前，应当停止使用该无线电台或者其他仪器、装置。

第八十九条 邮电通信企业应当对民用航空电信传递优先提供服务。

国家气象机构应当对民用航空气象机构提供必要的气象资料。

第四节 飞行必备文件

第九十条 从事飞行的民用航空器，应当携带下列文件：

（一）民用航空器国籍登记证书；

（二）民用航空器适航证书；

（三）机组人员相应的执照；

（四）民用航空器航行记录簿；

（五）装有无线电设备的民用航空器，其无线电台执照；

（六）载有旅客的民用航空器，其所载旅客姓名及其出发地点和目的地点的清单；

（七）载有货物的民用航空器，其所载货物的舱单和明细的申报单；

（八）根据飞行任务应当携带的其他文件。

民用航空器未按规定携带前款所列文件的，国务院民用航空主管部门或者其授权的地区民用航空管理机构可以禁止该民用航空器起飞。

第八章 公共航空运输企业

第九十一条 公共航空运输企业，是指以营利为目的，使用民用航空器运送旅客、行李、邮件或者货物的企业法人。

第九十二条 设立公共航空运输企业，应当向国务院民用航空主管部门申请领取经营许可证，并依法办理工商登记；未取得经营许可证的，工商行政管理部门不得办理工商登记。

第九十三条 设立公共航空运输企业，应当具备下列条件：

（一）有符合国家规定的适应保证飞行安全要求的民用航空器；

（二）有必需的依法取得执照的航空人员；

（三）有不少于国务院规定的最低限额的注册资本；

（四）法律、行政法规规定的其他条件。

第九十四条 公共航空运输企业的组织形式、组织机构适用公司法的规定。

本法施行前设立的公共航空运输企业，其组织形式、组织机构不完全符合公司法规定的，可以继续沿用原有的规定，适用前款规定的日期由国务院规定。

第九十五条 公共航空运输企业应当以保证飞行安全和航班正常，提供良好服务为准则，采取有效措施，提高运输服务质量。

公共航空运输企业应当教育和要求本企业职工严格履行职责，以文明礼貌、热情周到的服务态度，认真做好旅客和货物运输的各项服务工作。

旅客运输航班延误的，应当在机场内及时通告有关情况。

第九十六条 公共航空运输企业申请经营定期航班运输（以下简称航班运输）的航线，暂停、终止经营航线，应当报经国务院民用航空主管部门批准。

公共航空运输企业经营航班运输，应当公布班期时刻。

第九十七条 公共航空运输企业的营业收费项目，由国务院民用航空主管部门确定。

国内航空运输的运价管理办法，由国务院民用航空主管部门会同国务院物价主管部门制定，报国务院批准后执行。

国际航空运输运价的制定按照中华人民共和国政府与外国政府签订的协定、协议的规定执行；没有协定、协议的，参照国际航空运输市场价格制定运价，报国务院民用航空主管部门批准后执行。

第九十八条 公共航空运输企业从事不定期运输，应当经国务院民用航空主管部门批准，并不得影响航班运输的正常经营。

第九十九条 公共航空运输企业应当依照国务院制定的公共航空运输安全保卫规定，制定安全保卫方案，并报国务院民用航空主管部门备案。

第一百条 公共航空运输企业不得运输法律、行政法规规定的禁运物品。公共航空运输企业未经国务院民用航空主管部门批准，不得运输作战军火、作战物资。禁止旅客随身携带法律、行政法规规定的禁运物品乘坐民用航空器。

第一百零一条 公共航空运输企业运输危险品，应当遵守国家有关规定。禁止以非危险品品名托运危险品。

禁止旅客随身携带危险品乘坐民用航空器。除因执行公务并按照国家规定经过批准外，禁止旅客携带枪支、管制刀具乘坐民用航空器。禁止违反国务院民用航空主管部门的规定将危险品作为行李托运。

危险品品名由国务院民用航空主管部门规定并公布。

第一百零二条 公共航空运输企业不得运输拒绝接受安全检查的旅客，不得违反国家规定运输未经安全检查的行李。公共航空运输企业必须按照国务院民用航空主管部门的规定，对承运的货物进行安全检查或者采取其他保证安全的措施。

第一百零三条 公共航空运输企业从事国际航空运输的民用航空器及其所载人员、行李、货物应当接受边防、海关、检疫等主管部门的检查；但是，检查时应当避免不必要的延误。

第一百零四条 公共航空运输企业应当依照有关法律、行政法规的规定优先运输邮件。

第一百零五条 公共航空运输企业应当投保地面第三人责任险。

第九章 公共航空运输

第一节 一般规定

第一百零六条 本章适用于公共航空运输企业使用民用航空器经营的旅客、行李或者货物的运输，包括公共航空运输企业使用民用航空器办理的免费运输。

本章不适用于使用民用航空器办理的邮件运输。

对多式联运方式的运输，本章规定适用于其中的航空运输部分。

第一百零七条 本法所称国内航空运输，是指根据当事人订立的航空运输合同，运输的出发地点、约定的经停地点和目的地点均在中华人民共和国境内的运输。

本法所称国际航空运输，是指根据当事人订立的航空运输合同，无论运输有无间断或者有无转运，运输的出发地点、目的地点或者约定的经停地点之一不在中华人民共和国境内的运输。

第一百零八条 航空运输合同各方认为几个连续的航空运输承运人办理的运输是一项单一业务活动的，无论其形式是以一个合同订立或者数个合同订立，应当视为一项不可分割的运输。

第二节 运输凭证

第一百零九条 承运人运送旅客，应当出具客票。旅客乘坐民用航空器，应当交验有效客票。

第一百一十条 客票应当包括的内容由国务院民用航空主管部门规定，至少应当包括以下内容：

（一）出发地点和目的地点；

（二）出发地点和目的地点均在中华人民共和国境内，而在境外有一个或者数个约定的经停地点的，至少注明一个经停地点；

（三）旅客航程的最终目的地点、出发地点或者约定的经停地点之一不在中华人民共和国境内，依照所适用的国际航空运输公约的规定，应当在客票上声明此项运输适用该公约的，客票上应当载有该项声明。

第一百一十一条 客票是航空旅客运输合同订立和运输合同条件的初步证据。旅客未能出示客票、客票不符合规定或者客票遗失，不影响运输合同的存在或者有效。在国内航空运输中，承运人同意旅客不经其出票而乘坐民用航空器的，承运人无权援用本法第一百二十八条有关赔偿责任限制的规定。

在国际航空运输中，承运人同意旅客不经其出票而乘坐民用航空器的，或者客票上未依照本法第一百一十条第（三）项的规定声明的，承运人无权援用本法第一百二十九条有关赔偿责任限制的规定。

第一百一十二条 承运人载运托运行李时，行李票可以包含在客票之内或者与客票相结合。除本法第一百一十条的规定外，行李票还应当包括下列内容：

（一）托运行李的件数和重量；

（二）需要声明托运行李在目的地点交付时的利益的，注明声明金额。

行李票是行李托运和运输合同条件的初步证据。

旅客未能出示行李票、行李票不符合规定或者行李票遗失，不影响运输合同的存在或者有效。

在国内航空运输中，承运人载运托运行李而不出具行李票的，承运人无权援用本法第一百二十八条有关赔偿责任限制的规定。

在国际航空运输中，承运人载运托运行李而不出具行李票的，或者行李票上未依照本法第一百一十条第（三）项的规定声明的，承运人无权援用本法第一百二十九条有关赔偿责任限制的规定。

第一百一十三条 承运人有权要求托运人填写航空货运单，托运人有权要求承运人接受该航空货运单。托运人未能出示航空货运单、航空货运单不符合规定或者航空货运单遗失，不影响运输合同的存在或者有效。

第一百一十四条 托运人应当填写航空货运单正本一式三份，连同货物交给承运人。

航空货运单第一份注明“交承运人”，由托运人签字、盖章；第二份注明“交收货人”，由托运人和承运人签字、盖章；第三份由承运人在接受货物后签字、盖章，交给托运人。

承运人根据托运人的请求填写航空货运单的，在没有相反证据的情况下，应当视为代托运人填写。

第一百一十五条 航空货运单应当包括的内容由国务院民用航空主管部门规定，至少应当包括以下内容：

（一）出发地点和目的地点；

（二）出发地点和目的地点均在中华人民共和国境内，而在境外有一个或者数个约定的经停地点的，至少注明一个经停地点；

（三）货物运输的最终目的地点、出发地点或者约定的经停地点之一不在中华人民共和国境内，依照所适用的国际航空运输公约的规定，应当在货运单上声明此项运输适用该公约的，货运单上应当载有该项声明。

第一百一十六条 在国内航空运输中，承运人同意未经填具航空货运单而载运货物的，承运人无权援用本法第一百二十八条有关赔偿责任限制的规定。

在国际航空运输中，承运人同意未经填具航空货运单而载运货物的，或者航空货运单上未依照本法第一百一十五条第（三）项的规定声明的，承运人无权援用本法第一百二十九条有关赔偿责任限制的规定。

第一百一十七条 托运人应当对航空货运单上所填关于货物的说明和声明的正确性负责。

因航空货运单上所填的说明和声明不符合规定、不正确或者不完全，给承运人或者承运人对之负责的其他人造成损失的，托运人应当承担赔偿责任。

第一百一十八条 航空货运单是航空货物运输合同订立和运输条件以及承运人接受货物的初步证据。

航空货运单上关于货物的重量、尺寸、包装和包装件数的说明具有初步证据的效力。除经过承运人和托运人当面查对并在航空货运单上注明经过查对或者书写关于货物的外表情况的说明外，航空货运单上关于货物的数量、体积和情况的说明不能构成不利于承运人的证据。

第一百一十九条 托运人在履行航空货物运输合同规定的义务的条件下，有权在出发地机场或者目的地机场将货物提回，或者在途中经停时中止运输，或者在目的地点或者途中要求将货物交给非航空货运单上指定的收货人，或者要求将货物运回出发地机场；但是，托运人不得因行使此种权利而使承运人或者其他托运人遭受损失，并应当偿付由此产生的费用。

托运人的指示不能执行的，承运人应当立即通知托运人。

承运人按照托运人的指示处理货物，没有要求托运人出示其所收执的航空货运单，给该航空货运单的合法持有人造成损失的，承运人应当承担责任，但是不妨碍承运人向托运人追偿。

收货人的权利依照本法第一百二十条规定开始时，托运人的权利即告终止；但是，收货人拒绝接受航空货运单或者货物，或者承运人无法同收货人联系的，托运人恢复其对货物的处置权。

第一百二十条 除本法第一百一十九条所列情形外，收货人于货物到达目的地点，并在缴付应付款项和履行航空货运单上所列运输条件后，有权要求承运人移交航空货运单并交付货物。

除另有约定外，承运人应当在货物到达后立即通知收货人。

承运人承认货物已经遗失，或者货物在应当到达之日起七日后仍未到达的，收货人有权向承运人行使航空货物运输合同所赋予的权利。

第一百二十一条 托运人和收货人在履行航空货物运输合同规定的义务的条件下，无论为本人或者他人的利益，可以以本人的名义分别行使本法第一百一十九条和第一百二十条所赋予的权利。

第一百二十二条 本法第一百一十九条、第一百二十条和第一百二十一条的规定，不影响托运人同收货人之间的相互关系，也不影响从托运人或者收货人获得权利的第三人之间的关系。

任何与本法第一百一十九条、第一百二十条和第一百二十一条规定不同的合同条款，应当在航空货运单上载明。

第一百二十三条 托运人应当提供必需的资料和文件，以便在货物交付收货人前完成法律、行政法规规定的有关手续；因没有此种资料、文件，或者此种资料、文件不充足或者不符合规定造成的损失，除由于承运人或者其受雇人、代理人的过错造成的外，托运人应当对承运人承担责任。

除法律、行政法规另有规定外，承运人没有对前款规定的资料或者文件进行检查的义务。

第三节 承运人的责任

第一百二十四条 因发生在民用航空器上或者在旅客上、下民用航空器过程中的事件，造成旅客人身伤亡的，承运人应当承担责任；但是，旅客的人身伤亡完全是由于旅客本人的健康状况造成的，承运人不承担责任。

第一百二十五条 因发生在民用航空器上或者在旅客上、下民用航空器过程中的事件，造成旅客随身携带物品毁灭、遗失或者损坏的，承运人应当承担责任。因发生在航空运输期间的事件，造成旅客的托运行李毁灭、遗失或者损坏的，承运人应当承担责任。

旅客随身携带物品或者托运行李的毁灭、遗失或者损坏完全是由于行李本身的自然属性、质量或者缺陷造成的，承运人不承担责任。

本章所称行李，包括托运行李和旅客随身携带的物品。

因发生在航空运输期间的事件，造成货物毁灭、遗失或者损坏的，承运人应当承担责任；但是，承运人证明货物的毁灭、遗失或者损坏完全是由于下列原因之一造成的，不承担责任：

（一）货物本身的自然属性、质量或者缺陷；

（二）承运人或者其受雇人、代理人以外的人包装货物的，货物包装不良；

（三）战争或者武装冲突；

（四）政府有关部门实施的与货物入境、出境或者过境有关的行为。

本条所称航空运输期间，是指在机场内、民用航空器上或者机场外降落的任何地点，托运行李、货物处于承运人掌管之下的全部期间。

航空运输期间，不包括机场外的任何陆路运输、海上运输、内河运输过程；但是，此种陆路运输、海上运输、内河运输是为了履行航空运输合同而装载、交付或者转运，在没有相反证据的情况下，所发生的损失视为在航空运输期间发生的损失。

第一百二十六条 旅客、行李或者货物在航空运输中因延误造成的损失，承运人应当承担责任；但是，承运人证明本人或者其受雇人、代理人为了避免损失的发生，已经采取一切必要措施或者不可能采取此种措施的，不承担责任。

第一百二十七条 在旅客、行李运输中，经承运人证明，损失是由索赔人的过错造成或者促成的，应当根据造成或者促成此种损失的过错的程度，相应免除或者减轻承运人的责任。旅客以外的其他人就旅客死亡或者受伤提出赔偿请求时，经承运人证明，死亡或者受伤是旅客本人的过错造成或者促成的，同样应当根据造成或者促成此种损失的过错的程度，相应免除或者减轻承运人的责任。

在货物运输中，经承运人证明，损失是由索赔人或者代行权利人的过错造成或者促成的，应当根据造成或者促成此种损失的过错的程度，相应免除或者减轻承运人的责任。

第一百二十八条 国内航空运输承运人的赔偿责任限额由国务院民用航空主管部门制定，报国务院批准后公布执行。

旅客或者托运人在交运托运行李或货物时，特别声明在目的地点交付时的利益，并在必要时支付附加费的，除承运人证明旅客或者托运人声明的金额高于托运行李或者货物在目的地点交付时的实际利益外，承运人应当在声明金额范围内承担责任；本法第一百二十九条的其他规定，除赔偿责任限额外，适用于国内航空运输。

第一百二十九条 国际航空运输承运人的赔偿责任限额按照下列规定执行：

（一）对每名旅客的赔偿责任限额为16600计算单位；但是，旅客可以同承运人书面约定高于本项规定的赔偿责任限额。

（二）对托运行李或者货物的赔偿责任限额，每公斤为17计算单位。旅客或者托运人在交运托运行李或者货物时，特别声明在目的地点交付时的利益，并在必要时支付附加费的，除承运人证明旅客或者托运人声明的金额高于托运行李或者货物在目的地点交付时的实际利益外，承运人应当在声明金额范围内承担责任。

托运行李或者货物的一部分或者托运行李、货物中的任何物件毁灭、遗失、损坏或者延误的，用以确定承运人赔偿责任限额的重量，仅为该一包件或者数包件的总重量；但是，因托运行李或者货物的一部分或者托运行李、货物中的任何物件的毁灭、遗失、损坏或者延误，影响同一份行李票或者同一份航空货运单所列其他包件的价值的，确定承运人的赔偿责任限额时，此种包件的总重量也应当考虑在内。

（三）对每名旅客随身携带的物品的赔偿责任限额为332计算单位。

第一百三十条 任何旨在免除本法规定的承运人责任或者降低本法规定的赔偿责任限额的条款，均属无效；但是，此种条款的无效，不影响整个航空运输合同的效力。

第一百三十一条 有关航空运输中发生的损失的诉讼，不论其根据如何，只能依照本法规定的条件和赔偿责任限额提出，但是不妨碍谁有权提起诉讼以及他们各自的权利。

第一百三十二条 经证明，航空运输中的损失是由于承运人或者其受雇人、代理人的故意或者明知可能造成损失而轻率地作为或者不作为造成的，承运人无权援用本法第一百二十八条、第一百二十九条有关赔偿责任限制的规定；证明承运人的受雇人、代理人有此种作为或者不作为的，还应当证明该受雇人、代理人是在受雇、代理范围内行事。

第一百三十三条 就航空运输中的损失向承运人的受雇人、代理人提起诉讼时，该受雇人、代理人证明他是在受雇、代理范围内行事的，有权援用本法第一百二十八条、第一百二十九条有关赔偿责任限制的规定。

在前款规定情形下，承运人及其受雇人、代理人的赔偿总额不得超过法定的赔偿责任限额。

经证明，航空运输中的损失是由于承运人的受雇人、代理人的故意或者明知可能造成损失而轻率地作为或者不作为造成的，不适用本条第一款和第二款的规定。

第一百三十四条 旅客或者收货人收受托运行李或者货物而未提出异议，为托运行李或者货物已经完好交付并与运输凭证相符的初步证据。

托运行李或者货物发生损失的，旅客或者收货人应当在发现损失后向承运人提出异议。托运行李发生损失的，至迟应当自收到托运行李之日起七日内提出；货物发生损失的，至迟应当自收到货物之日起十四日内提出。托运行李或者货物发生延误的，至迟应当自托运行李或者货物交付旅客或者收货人处置之日起二十一日内提出。

任何异议均应当在前款规定的期间内写在运输凭证上或者另以书面提出。

除承运人有欺诈行为外，旅客或者收货人未在本条第二款规定的期间内提出异议的，不能向承运人提出索赔诉讼。

第一百三十五条 航空运输的诉讼时效期间为二年，自民用航空器到达目的地点、应当到达目的地点或者运输终止之日起计算。

第一百三十六条 由几个航空承运人办理的连续运输，接受旅客、行李或者货物的每一个承运人应当受本法规定的约束，并就其根据合同办理的运输区段作为运输合同的订约一方。

对前款规定的连续运输，除合同明文约定第一承运人应当对全程运输承担责任外，旅客或者其继承人只能对发生事故或者延误的运输区段的承运人提起诉讼。

托运行李或者货物的毁灭、遗失、损坏或者延误，旅客或者托运人有权对第一承运人提起诉讼，旅客或者收货人有权对最后承运人提起诉讼，旅客、托运人和收货人均可以对发生毁灭、遗失、损坏或者延误的运输区段的承运人提起诉讼。上述承运人应当对旅客、托运人或者收货人承担连带责任。

第四节 实际承运人履行航空运输的特别规定

第一百三十七条 本节所称缔约承运人，是指以本人名义与旅客或者托运人，或者与旅客或者托运人的代理人，订立本章调整的航空运输合同的人。

本节所称实际承运人，是指根据缔约承运人的授权，履行前款全部或者部分运输的人，不是指本章规定的连续承运人；在没有相反证明时，此种授权被认为是存在的。

第一百三十八条 除本节另有规定外，缔约承运人和实际承运人都应当受本章规定的约束。缔约承运人应当对合同约定的全部运输负责。实际承运人应当对其履行的运输负责。

第一百三十九条 实际承运人的作为和不作为，实际承运人的受雇人、代理人在受雇、代理范围内的作为和不作为，关系到实际承运人履行的运输的，应当视为缔约承运人的作为和不作为。

缔约承运人的作为和不作为，缔约承运人的受雇人、代理人在受雇、代理范围内的作为和不作为，关系到实际承运人履行的运输的，应当视为实际承运人的作为和不作为；但是，实际承运人承担的责任不因此种作为或者不作为而超过法定的赔偿责任限额。

任何有关缔约承运人承担本章未规定的义务或者放弃本章赋予的权利的特别协议，或者任何有关依照本法第一百二十八条、第一百二十九条规定所作的在目的地点交付时利益的特别声明，除经实际承运人同意外，均不得影响实际承运人。

第一百四十条 依照本章规定提出的索赔或者发出的指示，无论是向缔约承运人还是向实际承运人提出或者发出的，具有同等效力；但是，本法第一百一十九条规定的指示，只在向缔约承运人发出时，方有效。

第一百四十一条 实际承运人的受雇人、代理人或者缔约承运人的受雇人、代理人，证明他是在受雇、代理范围内行事的，就实际承运人履行的运输而言，有权援用本法第一百二十八条、第一百二十九条有关赔偿责任限制的规定，但是依照本法规定不得援用赔偿责任限制规定的除外。

第一百四十二条 对于实际承运人履行的运输，实际承运人、缔约承运人以及他们的在受雇、代理范围内行事的受雇人、代理人的赔偿总额不得超过依照本法得以从缔约承运人或者实际承运人获得赔偿的最高数额；但是，其中任何人都不承担超过对他适用的赔偿责任限额。

第一百四十三条 对实际承运人履行的运输提起的诉讼，可以分别对实际承运人或者缔约承运人提起，也可以同时对实际承运人和缔约承运人提起；被提起诉讼的承运人有权要求另一承运人参加应诉。

第一百四十四条 除本法第一百四十三条规定外，本节规定不影响实际承运人和缔约承运人之间的权利、义务。

第十章 通用航空

第一百四十五条 通用航空，是指使用民用航空器从事公共航空运输以外的民用航空活动，包括从事工业、农业、林业、渔业和建筑业的作业飞行以及医疗卫生、抢险救灾、气象探测、海洋监测、科学实验、教育训练、文化体育等方面的飞行活动。

第一百四十六条 从事通用航空活动，应当具备下列条件：

（一）有与所从事的通用航空活动相适应，符合保证飞行安全要求的民用航空器；

（二）有必需的依法取得执照的航空人员；

（三）符合法律、行政法规规定的其他条件。

从事经营性通用航空，限于企业法人。

第一百四十七条 从事非经营性通用航空的，应当向国务院民用航空主管部门办理登记。

从事经营性通用航空的，应当向国务院民用航空主管部门申请领取通用航空经营许可证，并依法办理工商登记；未取得经营许可证的，工商行政管理部门不得办理工商登记。

第一百四十八条 通用航空企业从事经营性通用航空活动，应当与用户订立书面合同，但是紧急情况下的救护或者救灾飞行除外。

第一百四十九条 组织实施作业飞行时，应当采取有效措施，保证飞行安全，保护环境和生态平衡，防止对环境、居民、作物或者牲畜等造成损害。

第一百五十条 从事通用航空活动的，应当投保地面第三人责任险。

第十一章 搜寻援救和事故调查

第一百五十一条 民用航空器遇到紧急情况时，应当发送信号，并向空中交通管制单位报告，提出援救请求；空中交通管制单位应当立即通知搜寻援救协调中心。民用航空器在海上遇到紧急情况时，还应当向船舶和国家海上搜寻援救组织发送信号。

第一百五十二条 发现民用航空器遇到紧急情况或者收听到民用航空器遇到紧急情况的信号的单位或者个人，应当立即通知有关的搜寻援救协调中心、海上搜寻援救组织或者当地人民政府。

第一百五十三条 收到通知的搜寻援救协调中心、地方人民政府和海上搜寻援救组织，应当立即组织搜寻援救。

收到通知的搜寻援救协调中心，应当设法将已经采取的搜寻援救措施通知遇到紧急情况的民用航空器。

搜寻援救民用航空器的具体办法，由国务院规定。

第一百五十四条 执行搜寻援救任务的单位或者个人，应当尽力抢救民用航空器所载人员，按照规定对民用航空器采取抢救措施并保护现场，保存证据。

第一百五十五条 民用航空器事故的当事人以及有关人员在接受调查时，应当如实提供现场情况和与事故有关的情节。

第一百五十六条 民用航空器事故调查的组织和程序，由国务院规定。

第十二章 对地面第三人损害的赔偿责任

第一百五十七条 因飞行中的民用航空器或者从飞行中的民用航空器上落下的人或者物，造成地面（包括水面，下同）上的人身伤亡或者财产损害的，受害人有权获得赔偿；但是，所受损害并非造成损害的事故的直接后果，或者所受损害仅是民用航空器依照国家有关的空中交通规则在空中通过造成的，受害人无权要求赔偿。

前款所称飞行中，是指自民用航空器为实际起飞而使用动力时起至着陆冲程终了时止；就轻于空气的民用航空器而言，飞行中是指自其离开地面时起至其重新着地时止。

第一百五十八条 本法第一百五十七条规定的赔偿责任，由民用航空器的经营人承担。

前款所称经营人，是指损害发生时使用民用航空器的人。民用航空器的使用权已经直接或者间接地授予他人，本人保留对该民用航空器的航行控制权的，本人仍被视为经营人。

经营人的受雇人、代理人在受雇、代理过程中使用民用航空器，无论是否在其受雇、代理范围内行事，均视为经营人使用民用航空器。

民用航空器登记的所有人应当被视为经营人，并承担经营人的责任；除非在判定其责任的诉讼中，所有人证明经营人是他人，并在法律程序许可的范围内采取适当措施使该人成为诉讼当事人之一。

第一百五十九条 未经对民用航空器有航行控制权的人同意而使用民用航空器，对地面第三人造成损害的，有航行控制权的人除证明本人已经适当注意防止此种使用外，应当与该非法使用人承担连带责任。

第一百六十条 损害是武装冲突或者骚乱的直接后果，依照本章规定应当承担责任的人不承担责任。

依照本章规定应当承担责任的人对民用航空器的使用权业经国家机关依法剥夺的，不承担责任。

第一百六十一条 依照本章规定应当承担责任的人证明损害是完全由于受害人或者其受雇人、代理人的过错造成的，免除其赔偿责任；应当承担责任的人证明损害是部分由于受害人或者其受雇人、代理人的过错造成的，相应减轻其赔偿责任。但是，损害是由于受害人的受雇人、代理人的过错造成时，受害人证明其受雇人、代理人的行为超出其所授权的范围的，不免除或者不减轻应当承担责任的人的赔偿责任。

一人对另一人的死亡或者伤害提起诉讼，请求赔偿时，损害是该另一人或者其受雇人、代理人的过错造成的，适用前款规定。

第一百六十二条 两个以上的民用航空器在飞行中相撞或者相扰，造成本法第一百五十七条规定的应当赔偿的损害，或者两个以上的民用航空器共同造成此种损害的，各有关民用航空器均应当被认为已经造成此种损害，各有关民用航空器的经营人均应当承担责任。

第一百六十三条 本法第一百五十八条第四款和第一百五十九条规定的人，享有依照本章规定经营人所能援用的抗辩权。

第一百六十四条 除本章有明确规定外，经营人、所有人和本法第一百五十九条规定的应当承担责任的人，以及他们的受雇人、代理人，对于飞行中的民用航空器或者从飞行中的民用航空器上落下的人或者物造成的地面上的损害不承担责任，但是故意造成此种损害的人除外。

第一百六十五条 本章不妨碍依照本章规定应当对损害承担责任的人向他人追偿的权利。

第一百六十六条 民用航空器的经营人应当投保地面第三人责任险或者取得相应的责任担保。

第一百六十七条 保险人和担保人除享有与经营人相同的抗辩权，以及对伪造证件进行抗辩的权利外，对依照本章规定提出的赔偿请求只能进行下列抗辩：

（一）损害发生在保险或者担保终止有效后；然而保险或者担保在飞行中期满的，该项保险或者担保在飞行计划中所载下一次降落前继续有效，但是不得超过二十四小时；

（二）损害发生在保险或者担保所指定的地区范围外，除非飞行超出该范围是由于不可抗力、援助他人所必需，或者驾驶、航行或者领航上的差错造成的。

前款关于保险或者担保继续有效的规定，只在对受害人有利时适用。

第一百六十八条 仅在下列情形下，受害人可以直接对保险人或者担保人提起诉讼，但是不妨碍受害人根据有关保险合同或者担保合同的法律规定提起直接诉讼的权利：

（一）根据本法第一百六十七条第（一）项、第（二）项规定，保险或者担保继续有效的；

（二）经营人破产的。

除本法第一百六十七条第一款规定的抗辩权，保险人或者担保人对受害人依照本章规定提起的直接诉讼不得以保险或者担保的无效或者追溯力终止为由进行抗辩。

第一百六十九条 依照本法第一百六十六条规定提供的保险或者担保，应当被专门指定优先支付本章规定的赔偿。

第一百七十条 保险人应当支付给经营人的款项，在本章规定的第三人的赔偿请求未满足前，不受经营人的债权人的扣留和处理。

第一百七十一条 地面第三人损害赔偿的诉讼时效期间为二年，自损害发生之日起计算；但是，在任何情况下，时效期间不得超过自损害发生之日起三年。

第一百七十二条 本章规定不适用于下列损害：

（一）对飞行中的民用航空器或者对该航空器上的人或者物造成的损害；

（二）为受害人同经营人或者同发生损害时对民用航空器有使用权的人订立的合同所约束，或者为适用两方之间的劳动合同的法律有关职工赔偿的规定所约束的损害；

（三）核损害。

第十三章 对外国民用航空器的特别规定

第一百七十三条 外国人经营的外国民用航空器，在中华人民共和国境内从事民用航空活动，适用本章规定；本章没有规定的，适用本法其他有关规定。

第一百七十四条 外国民用航空器根据其国籍登记国政府与中华人民共和国政府签订的协定、协议的规定，或者经中华人民共和国国务院民用航空主管部门批准或者接受，方可飞入、飞出中华人民共和国领空和在中华人民共和国境内飞行、降落。

对不符合前款规定，擅自飞入、飞出中华人民共和国领空的外国民用航空器，中华人民共和国有关机关有权采取必要措施，令其在指定的机场降落；对虽然符合前款规定，但是有合理的根据认为需要对其进行检查的，有关机关有权令其在指定的机场降落。

第一百七十五条 外国民用航空器飞入中华人民共和国领空，其经营人应当提供有关证明书，证明其已经投保地面第三人责任险或者已经取得相应的责任担保；其经营人未提供有关证明书的，中华人民共和国国务院民用航空主管部门有权拒绝其飞入中华人民共和国领空。

第一百七十六条 外国民用航空器的经营人经其本国政府指定，并取得中华人民共和国国务院民用航空主管部门颁发的经营许可证，方可经营中华人民共和国政府与该外国政府签订的协定、协议规定的国际航班运输；外国民用航空器的经营人经其本国政府批准，并获得中华人民共和国国务院民用航空主管部门批准，方可经营中华人民共和国境内一地和境外一地之间的不定期航空运输。

前款规定的外国民用航空器经营人，应当依照中华人民共和国法律、行政法规的规定，制定相应的安全保卫方案，报中华人民共和国国务院民用航空主管部门备案。

第一百七十七条 外国民用航空器的经营人，不得经营中华人民共和国境内两点之间的航空运输。

第一百七十八条 外国民用航空器，应当按照中华人民共和国国务院民用航空主管部门批准的班期时刻或者飞行计划飞行；变更班期时刻或者飞行计划的，其经营人应当获得中华人民共和国国务院民用航空主管部门的批准；因故变更或者取消飞行的，其经营人应当及时报告中华人民共和国国务院民用航空主管部门。

第一百七十九条 外国民用航空器应当在中华人民共和国国务院民用航空主管部门指定的设关机场起飞或者降落。

第一百八十条 中华人民共和国国务院民用航空主管部门和其他主管机关，有权在外国民用航空器降落或者飞出时查验本法第九十条规定的文件。

外国民用航空器及其所载人员、行李、货物，应当接受中华人民共和国有关主管机关依法实施的入境出境、海关、检疫等检查。

实施前两款规定的查验、检查，应当避免不必要的延误。

第一百八十一条 外国民用航空器国籍登记国发给或者核准的民用航空器适航证书、机组人员合格证书和执照，中华人民共和国政府承认其有效；但是，发给或者核准此项证书或者执照的要求，应当等于或者高于国际民用航空组织制定的最低标准。

第一百八十二条 外国民用航空器在中华人民共和国搜寻援救区内遇险，其所有人或者国籍登记国参加搜寻援救工作，应当经中华人民共和国国务院民用航空主管部门批准或者按照两国政府协议进行。

第一百八十三条 外国民用航空器在中华人民共和国境内发生事故，其国籍登记国和其他有关国家可以指派观察员参加事故调查。事故调查报告和调查结果，由中华人民共和国国务院民用航空主管部门告知该外国民用航空器的国籍登记国和其他有关国家。

第十四章 涉外关系的法律适用

第一百八十四条 中华人民共和国缔结或者参加的国际条约同本法有不同规定的，适用国际条约的规定；但是，中华人民共和国声明保留的条款除外。

中华人民共和国法律和中华人民共和国缔结或者参加的国际条约没有规定的，可以适用国际惯例。

第一百八十五条 民用航空器所有权的取得、转让和消灭，适用民用航空器国籍登记国法律。

第一百八十六条 民用航空器抵押权适用民用航空器国籍登记国法律。

第一百八十七条 民用航空器优先权适用受理案件的法院所在地法律。

第一百八十八条 民用航空运输合同当事人可以选择合同适用的法律，但是法律另有规定的除外；合同当事人没有选择的，适用与合同有最密切联系的国家的法律。

第一百八十九条 民用航空器对地面第三人的损害赔偿，适用侵权行为地法律。民用航空器在公海上空对水面第三人的损害赔偿，适用受理案件的法院所在地法律。

第一百九十条 依照本章规定适用外国法律或者国际惯例，不得违背中华人民共和国的社会公共利益。

第十五章　法律责任

第一百九十一条　以暴力、胁迫或者其他方法劫持航空器的，依照关于惩治劫持航空器犯罪分子的决定追究刑事责任。

第一百九十二条　对飞行中的民用航空器上的人员使用暴力，危及飞行安全，尚未造成严重后果的，依照刑法第一百零五条的规定追究刑事责任；造成严重后果的，依照刑法第一百零六条的规定追究刑事责任。

第一百九十三条　违反本法规定，隐匿携带炸药、雷管或者其他危险品乘坐民用航空器，或者以非危险品品名托运危险品，尚未造成严重后果的，比照刑法第一百六十三条的规定追究刑事责任；造成严重后果的，依照刑法第一百一十条的规定追究刑事责任。

企业事业单位犯前款罪的，判处罚金，并对直接负责的主管人员和其他直接责任人员依照前款规定追究刑事责任。

隐匿携带枪支子弹、管制刀具乘坐民用航空器的，比照刑法第一百六十三条的规定追究刑事责任。

第一百九十四条　公共航空运输企业违反本法第一百零一条的规定运输危险品的，由国务院民用航空主管部门没收违法所得，可以并处违法所得一倍以下的罚款。

公共航空运输企业有前款行为，导致发生重大事故的，没收违法所得，判处罚金；并对直接负责的主管人员和其他直接责任人员依照刑法第一百一十五条的规定追究刑事责任。

第一百九十五条　故意在使用中的民用航空器上放置危险品或者唆使他人放置危险品，足以毁坏该民用航空器，危及飞行安全，尚未造成严重后果的，依照刑法第一百零七条的规定追究刑事责任；造成严重后果的，依照刑法第一百一十条的规定追究刑事责任。

第一百九十六条　故意传递虚假情报，扰乱正常飞行秩序，使公私财产遭受重大损失的，依照刑法第一百五十八条的规定追究刑事责任。

第一百九十七条　盗窃或者故意损毁、移动使用中的航行设施，危及飞行安全，足以使民用航空器发生坠落、毁坏危险，尚未造成严重后果的，依照刑法第一百零八条的规定追究刑事责任；造成严重后果的，依照刑法第一百一十条的规定追究刑事责任。

第一百九十八条 聚众扰乱民用机场秩序的，依照刑法第一百五十九条的规定追究刑事责任。

第一百九十九条 航空人员玩忽职守，或者违反规章制度，导致发生重大飞行事故，造成严重后果的，分别依照、比照刑法第一百八十六条或者第一百一十四条的规定追究刑事责任。

第二百条 违反本法规定，尚不够刑事处罚，应当给予治安管理处罚的，依照治安管理处罚条例的规定处罚。

第二百零一条 违反本法第三十七条的规定，民用航空器无适航证书而飞行，或者租用的外国民用航空器未经国务院民用航空主管部门对其原国籍登记国发给的适航证书审查认可或者另发适航证书而飞行的，由国务院民用航空主管部门责令停止飞行，没收违法所得，可以并处违法所得一倍以上五倍以下的罚款；没有违法所得的，处以十万元以上一百万元以下的罚款。

适航证书失效或者超过适航证书规定范围飞行的，依照前款规定处罚。

第二百零二条 违反本法第三十四条、第三十六条第二款的规定，将未取得型号合格证书、型号认可证书的民用航空器及其发动机、螺旋桨或者民用航空器上的设备投入生产的，由国务院民用航空主管部门责令停止生产，没收违法所得，可以并处违法所得一倍以下的罚款；没有违法所得的，处以五万元以上五十万元以下的罚款。

第二百零三条 违反本法第三十五条的规定，未取得生产许可证书、维修许可证书而从事生产、维修活动的，违反本法第九十二条、第一百四十七条第二款的规定，未取得公共航空运输经营许可证或者通用航空经营许可证而从事公共航空运输或者从事经营性通用航空的，国务院民用航空主管部门可以责令停止生产、维修或者经营活动。

第二百零四条 已取得本法第三十五条规定的生产许可证书、维修许可证书的企业，因生产、维修的质量问题造成严重事故的，国务院民用航空主管部门可以吊销其生产许可证书或者维修许可证书。

第二百零五条 违反本法第四十条的规定，未取得航空人员执照、体格检查合格证书而从事相应的民用航空活动的，由国务院民用航空主管部门责令停止民用航空活动，在国务院民用航空主管部门规定的限期内不得申领有关执照和证书，对其所在单位处以二十万元以下的罚款。

第二百零六条 有下列违法情形之一的，由国务院民用航空主管部门对民用航空器的机长给予警告或者吊扣执照一个月至六个月的处罚，情节较重的，可以给予吊销执照的处罚：

（一）机长违反本法第四十五条第一款的规定，未对民用航空器实施检查而起飞的；

（二）民用航空器违反本法第七十五条的规定，未按照空中交通管制单位指定的航路和飞行高度飞行，或者违反本法第七十九条的规定飞越城市上空的。

第二百零七条 违反本法第七十四条的规定，民用航空器未经空中交通管制单位许可进行飞行活动的，由国务院民用航空主管部门责令停止飞行，对该民用航空器所有人或者承租人处以一万元以上十万元以下的罚款；对该民用航空器的机长给予警告或者吊扣执照一个月至六个月的处罚，情节较重的，可以给予吊销执照的处罚。

第二百零八条 民用航空器的机长或者机组其他人员有下列行为之一的，由国务院民用航空主管部门给予警告或者吊扣执照一个月至六个月的处罚；有第（二）项或者第（三）项所列行为的，可以给予吊销执照的处罚：

（一）在执行飞行任务时，不按照本法第四十一条的规定携带执照和体格检查合格证书的；

（二）民用航空器遇险时，违反本法第四十八条的规定离开民用航空器的；

（三）违反本法第七十七条第二款的规定执行飞行任务的。

第二百零九条 违反本法第八十条的规定，民用航空器在飞行中投掷物品的，由国务院民用航空主管部门给予警告，可以对直接责任人员处以二千元以上二万元以下的罚款。

第二百一十条 违反本法第六十二条的规定，未取得机场使用许可证开放使用民用机场的，由国务院民用航空主管部门责令停止开放使用；没收违法所得，可以并处违法所得一倍以下的罚款。

第二百一十一条 公共航空运输企业、通用航空企业违反本法规定，情节较重的，除依照本法规定处罚外，国务院民用航空主管部门可以吊销其经营许可证。对被吊销经营许可证的，工商行政管理部门应吊销其营业执照。

第二百一十二条 国务院民用航空主管部门和地区民用航空管理机构的工作人员，玩忽职守、滥用职权、徇私舞弊，构成犯罪的，依法追究刑事责任；尚不构成犯罪的，依法给予行政处分。

第十六章 附 则

第二百一十三条 本法所称计算单位，是指国际货币基金组织规定的特别提款权；其人民币数额为法院判决之日、仲裁机构裁决之日或者当事人协议之日，按照国家外汇主管机关规定的国际货币基金组织的特别提款权对人民币的换算办法计算得出的人民币数额。

第二百一十四条 本法自 1996 年 3 月 1 日起施行。

参考文献

[1] 董念清. 航空法判例与学理研究 [M]. 北京：人民法院出版社，2006.

[2] 刘伟民. 航空法教程 [M]. 北京：中国法制出版社，2001.

[3] 赵维田. 国际航空法 [M]. 北京：社会科学文献出版社，2000.

[4] 崔祥健. 民航法律法规与实务 [M]. 北京：旅游教育出版社，2007.

[5] 邢爱芬. 民用航空法教程 [M]. 北京：中国民航出版社，2007.

[6] 马松伟，李永. 中国民用航空法简明教程 [M]. 北京：中国民航出版社，2007.

[7] 吴建端. 航空法学 [M]. 北京：中国民航出版社，2005.

[8] 王小卫. 民用航空法概论 [M]. 北京：航空工业出版社，2006.

[9] 姚琳莉. 民用航空法案例教程 [M]. 北京：科学出版社，2014.